Albert Einstein

Worte in Zeit und Raum

Albert Einstein

Worte in Zeit und Raum

Herausgegeben und eingeleitet von Sigurd M. Daecke

Herder

Freiburg · Basel · Wien

Umschlagbild: Wolfgang Remest

Verlag Herder Freiburg im Breisgau 1991
Herstellung: Clausen & Bosse, Leck
ISBN 3-451-22398-8

Inhalt

Herausgeber und Verlag danken den folgenden Verlagen für die Erlaubnis zum Abdruck der hier ausgewählten Texte (siehe Quellenverzeichnis auf S. 128): Deutsche Verlags-Anstalt, Stuttgart; Diogenes, Zürich; Europa Verlag, Zürich; Gauthier-Villars, Paris; Hermann, Paris; Kohlhammer, Stuttgart; Peter Lang, Bern; Nymphenburger Verlagshandlung, München; Stocker-Schmid, Dietikon-Zürich; Friedr. Vieweg & Sohn Verlagsgesellschaft, Wiesbaden.

Einleitung

Albert Einstein ist der wohl bedeutendste, sicherlich der berühmteste Physiker – doch er ist mehr: Einsteins Name ist Inbegriff von Genialität, aber auch ein Symbol für Originalität, Bescheidenheit, Mut, Zivilcourage und politisches Engagement. Der Name keines anderen Wissenschaftlers ist so bekannt wie der seine, ja er ist geradezu gleichbedeutend mit »bekannt«.

Zwar verstehen nur wenige die Relativitätstheorie, durch die Albert Einstein so berühmt geworden ist (als Anfang der zwanziger Jahre ein Journalist dem Cambridger Physiker und Astronomen Arthur Eddington sagte, nur drei Menschen auf der Welt würden die Allgemeine Relativitätstheorie verstehen, antwortete dieser: »Ich überlege, wer der dritte sein könnte«). Aber jeder hat ein Bild von Einstein: der markante Kopf mit der wirren Haarmähne, die unkonventionelle Kleidung, die Geige. Und jeder kann ohne Mühe das verstehen, was Einstein außer seinen mathematischen Formeln und physikalischen Theorien geschrieben hat, in Vorträgen, Briefen und Stellungnahmen zu persönlichen und politischen, zu religiösen und gesellschaftlichen Fragen.

Einstein hat die Welt nicht nur als Physiker neu verstanden, sondern er hat sie als politisch und gesellschaftlich Handelnder verändern und verbessern wollen, er hat seine »Zeit zwischen der Politik und den Gleichungen« geteilt und sich für Außenseiter, für Kriegsdienstverweigerer, für die Juden, für den Sozialismus, für Völkerverständigung und -versöhnung, für die Bildung einer Weltregierung eingesetzt – obwohl ihm »im Grunde die Gleichungen viel wichtiger« waren, »denn Politik ist für die Gegenwart da, die Gleichungen aber sind gemacht für die Ewigkeit.«

Einsteins berühmteste Gleichung ist $E = mc^2$, wobei E die Energie ist, m die Masse und c die Lichtgeschwindigkeit. In dieser Formel hat Einstein die Äquivalenz von Masse und Energie zusammengefaßt – und damit die allererste theoretische Grundlage für die Gewinnung der Atomenergie und also die Atombombe gelegt, die Frage nach dem Ursprung der gewaltigen, zerstörerischen Energie beantwortet, weil er entdeckte, daß jede Art von Energie Masse hat und daß Masse jeder Art Energie hat.

Fünfzig Jahre später, unmittelbar vor seinem Tode, antwortete Einstein einem französischen Historiker, der ihn gefragt hatte, ob er die gefährlichen Konsequenzen seiner Gleichung nicht doch schon hätte erkennen können, als er 1905 die Spezielle Relativitätstheorie veröffentlichte: »Nun denken Sie, daß ich armseliges Geschöpf durch das Auffinden und Publizieren der Beziehung zwischen Masse und Energie zu der Herbeiführung unserer lamentablen Situation wesentlich beigetragen hätte. Sie denken, ich hätte damals (1905) die Entwicklung der Atombombe voraussehen müssen.« Das aber weist Einstein entschieden zurück (s.u. S. 112). Denn »keine Spur einer Möglichkeit von technischen Implikationen war sichtbar.«

Dagegen fühlte Einstein sein Gewissen belastet durch den von ihm zumindest mitverfaßten und unterschriebenen Brief vom August 1939 an den Präsidenten Roosevelt, in dem Einstein die Beschleunigung der Entwicklung der Atombombe gefordert hatte, »angesichts der Gefahr, daß Hitler zuerst in den Besitz der Bombe kommen könnte. Wenn ich gewußt hätte, daß diese Befürchtung grundlos war, hätte ich mich an der Öffnung der Pandorabüchse nicht beteiligt... An der Warnung gegen die Verwendung der Bombe hatte ich leider keinen Anteil«, bedauert Einstein knapp vier Wochen vor seinem Tode – er starb am 18. April 1955 – in einem Brief an den Physiker Max von Laue.

Nach dem Zweiten Weltkrieg, nachdem das geschehen war, wozu Einstein aus politischen Gründen, gegen seine tiefere ethische Überzeugung, beigetragen hatte, widmete er seine ganze Kraft, wie früher, der Völkerversöhnung, dem Frieden, der Idee einer einheitlichen Weltregierung, damit die Atombombe niemals wieder eingesetzt werden müßte. Er fühlte sich zeit seines Lebens als Pazifist – aber seit Mitte 1933 nicht mehr als »absoluter«, wenn auch nach wie vor als »überzeugter« Pazifist. Weil seit der Machtergreifung Hitlers – wie Einsteins Briefe und Erklärungen ab August 1933 zeigen – seine Abscheu gegen den Nationalsozialismus und seine Furcht vor Deutschlands Aggressionspolitik größer waren als sein »Widerwillen« gegen das »verhaßte Militär«, war Einstein später nicht mehr »Pazifist um jeden Preis«; wohl aber blieb er ein entschiedener Kriegsgegner und Friedensfreund.

Wie auch Einsteins Zurückweisung einer Mitschuld seiner Formel $E = mc^2$ – die 1907 ausgerechnet im »Jahrbuch der Radioaktivität« im Rahmen einer größeren Arbeit veröffentlicht wurde – an der Atombombe zeigt, lehnte er eine Verantwortung der Grundlagenforschung für ihre technologischen Folgen entschieden ab. In der Tat konnte er in den Jahren 1905–1907 nicht ahnen, daß sich aus der Erkenntnis der Äquivalenz von

Masse und Energie einmal eine Bedrohung der Existenz der Menschheit ergeben würde. Einstein hatte im Juni 1902, nach der Ablehnung seiner Doktorarbeit, nach dem Scheitern aller Versuche, eine Assistentenstelle an einer Universität zu bekommen – ein Professor fand, er ließe sich »nichts sagen« –, und nach mehr als einem Jahr als Aushilfs- und Privatlehrer, mit 23 Jahren eine Stelle als Technischer Experte III. Klasse am Eidgenössischen Patentamt in Bern angetreten, wo er bis 1909, bis zu seiner Berufung auf eine außerordentliche Professur an der Universität Zürich, bleiben mußte. Als Max von Laue einmal aus Berlin anreiste, um den durch die Spezielle Relativitätstheorie schon berühmten Physiker, den er an der Universität Bern vermutete, zu besuchen, übersah er bei ihrer ersten Begegnung den kleinen, hemdsärmeligen Beamten am »Amt für geistiges Eigentum«.

Dieser hatte die bis dahin selbstverständliche Vorstellung vom Äther, der den Raum erfüllt, als überflüssig erklärt, vorausgesetzt, man sei bereit, die Vorstellung von der absoluten Zeit aufzugeben. Nach der Relativitätstheorie sieht es so aus, als hätte jeder Beobachter einer Bewegung sein eigenes Zeitmaß, seine eigene Uhr, und als würden auch dieselben Uhren, von verschiedenen Beobachtern benutzt, in ihren Angaben nicht unbedingt übereinstimmen. Es gibt keine absolute Zeit, jedes Individuum hat sein eigenes Zeitmaß, das davon abhängt, wo es sich befindet und wie es sich bewegt. Nach der Allgemeinen Relativitätstheorie (1915) sind Raum und Zeit vollends nicht mehr der festgelegte Rahmen, der durch die Ereignisse, die in ihm stattfinden, nicht beeinflußt wird. Raum und Zeit sind nun dynamische Größen: Wenn ein Körper sich bewegt oder eine Kraft wirkt, so wird dadurch die Krümmung von Raum und Zeit beeinflußt – und umgekehrt beeinflußt die Struktur der Raumzeit die Bewegung von Körpern und die Wirkungsweise von Kräften. Die Gravitation ist nach Einstein nicht mehr eine Kraft wie alle anderen, sondern eine Folge des Umstandes, daß die Raumzeit nicht eben, sondern »gekrümmt« ist durch die Verteilung der Massen und Energien in ihr. Die Masse der Sonne »krümmt« die Raumzeit dergestalt, daß sich die Erde, obwohl sie in der vierdimensionalen Raumzeit einen geraden Weg nimmt, im dreidimensionalen Raum auf einer kreisförmigen Umlaufbahn zu bewegen scheint.

Die beiden Relativitätstheorien waren so kühn und noch nicht allgemein anerkannt, daß Einstein im Jahre 1921 den Nobelpreis nicht dafür, sondern für sein »photoelektrisches Gesetz« erhielt. Seit

1914 lebte er als Professor an der Preußischen Akademie der Wissenschaften und Direktor am Kaiser-Wilhelm-Institut in Berlin, wo er bis zu seiner Emigration 1933 blieb. Dann folgte er einem Ruf an das »Institute for Advanced Studies« in Princeton (USA).

Nach den großen wissenschaftlichen Leistungen bis 1921 arbeitete Einstein dann – neben zahlreichen erfolgreichen Forschungen – bis zu seinem Tode 1955 erfolglos an einer einheitlichen Feldtheorie, einer vollständigen einheitlichen Theorie von allem, was im Universum geschieht. Er mußte scheitern, weil er sich weigerte, die Ergebnisse der Quantenmechanik anzuerkennen, obwohl er selber wesentlich zu deren Entwicklung beigetragen hatte. Einstein konnte sich nicht damit abfinden, daß die sogenannte Kopenhagener Deutung der Quantenmechanik mit dem herkömmlichen Verständnis von Kausalität unvereinbar war. Für die Berechnung eines mechanischen Ablaufs muß man Ort und Geschwindigkeit zu einem bestimmten Zeitpunkt genau kennen – aber nach der Quantentheorie ist es nicht möglich, den Ort und die Geschwindigkeit eines atomaren Teilchens gleichzeitig mit beliebiger Genauigkeit anzugeben. Die Zukunft ist daher unbestimmt. Das besagt die »Unbestimmtheits-« oder »Unschärferelation«, die auch die Unbestimmtheit ausdrückt, mit der jedes der verschiedenen Bilder behaftet ist, mit denen wir atomare Systeme angemessen beschreiben, obwohl sie sich widersprechen, und die Niels Bohr daher als »komplementär« zueinander bezeichnet hat.

Einsteins Abneigung gegen die Idee eines von der Unbestimmtheit und Wahrscheinlichkeit beherrschten Universums, in dem das Verhalten einzelner Atome nicht von der Gesetzlichkeit, sondern vom Zufall abhängig ist, kommt in seinem häufig wiederholten Glaubenssatz zum Ausdruck, daß »der Herrgott nicht würfelt«. Wenn er auf die strenge Kausalität, auf die deterministische Bestimmtheit verzichten müßte, möchte er lieber Angestellter einer Spielbank sein, schrieb er einmal an Max Born, mit dem er sich besonders über diese Frage auseinandergesetzt hat. »Ich bin ein böser Ketzer geworden, der nicht will, daß man die Physik auf Wahrscheinlichkeit gründet«, äußerte er an anderer Stelle. Und so mußte seine einheitliche Feldtheorie scheitern an der von ihm selber initiierten Quantenmechanik und an seiner eigenen Relativitätstheorie, weil er diese nicht mit der Unschärferelation verbinden mochte.

Es können nicht nur methodische, sondern es müssen schon religiöse Gründe bestimmend gewesen sein, wenn Einstein sich so hartnäckig gegen die Konsequenzen aus seinem eigenen Werk sperrte. Aber der »würfelnde Gott« war unvereinbar mit »Spinozas Gott, der sich in der gesetzlichen Harmonie des Seienden offenbart«. Einstein glaubte an die »harmonische Struktur dieser Welt«, an die »logische Einfachheit der Ordnung«, die in der von ihm immer erstrebten ästhetischen Einfachheit und Schönheit seiner Formeln zum Ausdruck kam. »Der Forscher ist von der Kausalität allen Geschehens durchdrungen... Seine Religiosität liegt im verzückten Staunen über die Harmonie der Naturgesetzlichkeit.« Einsteins Gottesbild, sein Glaube an die Gesetzlichkeit der Natur standen also seinem naturwissenschaftlichen Fortschreiten über die Relativitätstheorie hinaus im Wege, und so mußten andere gegen seinen Widerstand sein Werk weiterführen, bis hin zu Stephen Hawking heute, der mit seinem Gedanken der Großen Vereinheitlichen Theorie Einsteins Anliegen aufgreift.

Obwohl Einstein das biblische Gottesbild ablehnte, sich als konfessionslos bezeichnete, nur notgedrungen um der Anstellung in Prag 1911 willen sich als »mosaisch« eintragen ließ, und sich trotzdem später weigerte, der jüdischen Gemeinde in Berlin Steuern zu zahlen, ist sein gesetzhafter

Gottesbegriff doch zutiefst jüdisch. So wie er durch sein pazifistisches Engagement, seine Teilnahme an Antikriegskundgebungen im Ersten Weltkrieg, seine Neigung zum Sozialismus, sein lebenslanges Eintreten für zivilen Ungehorsam und seine Parteinahme für den Zionismus immer Widerstände auch gegen seine wissenschaftliche Tätigkeit provozierte, so blockierte er durch seine Treue gegenüber dem gesetzhaften Gott, der nicht würfelt – diese pantheistische Variante der jüdischen Gesetzesreligion –, seine mehr als dreißigjährige Suche nach der einheitlichen Feldtheorie. Und so war es nur konsequent, wenn Einstein sich angesichts des wachsenden Antisemitismus seit den zwanziger Jahren immer mehr mit dem Judentum identifizierte, zu einem der Vorkämpfer des Zionismus wurde, so daß er schließlich 1952 sogar das Angebot erhielt, als Nachfolger Weizmanns zweiter Staatspräsident Israels zu werden.

Aber Einstein wußte, daß er trotz seines vielfältigen gesellschaftlichen Engagements kein Politiker war. Er war Physiker und darüberhinaus Philosoph. Der Berliner Theologe Adolf von Harnack, gemeinsam mit Einstein Mitglied der Preußischen Akademie der Wissenschaften und erster Direktor der Kaiser-Wilhelm-Gesellschaft, sagte einmal: »Man klagt darüber, daß unsere Generation keine

Philosophen habe. Mit Unrecht: die Philosophen sitzen jetzt nur in der anderen Fakultät, sie heißen Planck und Einstein.«

Auch Einsteins Glaube, sein Gottesbild waren philosophisch, nicht biblisch oder orthodox jüdisch. Sein »Landsmann Jesus Christus« war ihm ein Vorbild für Gewaltlosigkeit und Leidensbereitschaft. Buddha, Moses, Jesus und Gandhi waren für Einstein »große und reine Persönlichkeiten«, »Verkünder hoher moralischer Normen«, »Begnadete«, die allein die Menschheit zu einem »würdigen und glücklichen Leben« führen können – was Wissenschaft und Technik nicht vermögen.

Der eine Grundpfeiler von Einsteins Religiosität war die Ethik, die er in seinem Leben zu bewähren suchte: »Das Streben nach moralischem Handeln ist das wichtigste Streben des Menschen«, es »allein kann dem Leben Schönheit und Würde verleihen«. Und in seinem persönlichen Einsatz für Diskriminierte und Verfolgte, für Frieden und Gerechtigkeit hat Einstein seine Überzeugung verwirklicht, daß nur »die selbstlose Hingabe im Dienst der Gemeinschaft«, nur »das Leben im Dienst andrer ein lebenswertes Leben« sei, das zugleich ein »schlichtes und anspruchsloses äußeres Leben« sein müsse, für das Einstein ja bekannt war.

Der andere Grundpfeiler von Einsteins Frömmigkeit war seine philosophische, »kosmische Religiosität, die keine Dogmen und keinen Gott kennt, der nach dem Bilde des Menschen gedacht wäre«. Dennoch war Einstein alles andere als ein Atheist oder auch Agnostiker. Wie sein Glaube an die Naturgesetzlichkeit und wie die »sozialistischen Forderungen«, die er auf das »Judentum der Propheten« und die Lehre Jesu zurückführte, war auch die Vorstellung von der Heiligkeit alles, des menschlichen wie des tierischen, Lebens nach Einsteins eigener Meinung im jüdischen Glauben begründet. Für sein pantheistisches Bild von einem unpersönlichen, weltimmanenten Gott konnte Einstein sich zwar nicht auf die Propheten berufen, wohl aber auf den von ihm verehrten großen jüdischen Philosophen Baruch Spinoza. Und mit dem »Bewußtsein einer völligen Abhängigkeit«, mit seiner »demütigen Anbetung eines unendlichen geistigen Wesens höherer Natur«, das sich in der Harmonie des Seienden und in der Einfachheit und Schönheit ihrer Ordnung offenbart, bekundete Einstein eine weltliche Frömmigkeit, eine natürliche Religiosität, die seit Schleiermacher auch christlich getauft ist.

Für den großen Naturwissenschaftler konnten Gott und Natur nur eine Einheit sein. Denn nur so war es Einstein möglich, in seiner Forschung seinen Gott zu finden, »die überlegene Vernunft, die sich in der erfahrbaren Welt offenbart«, im »wunderbaren Bau des Seienden«. Diese kosmische Frömmigkeit, die Natur und Leben als heilig verehrt und Gott auch in der Natur erkennt, könnte die ökologische Krise heilen und die Kluft zwischen Religion und Naturwissenschaft überwinden.

Einstein hat sich nicht nur über »Raum und Zeit gewundert« und als Physiker darüber nachgedacht, sondern er hat auch seinen Gott aus Ewigkeit und Jenseits in Zeit und Raum herabgeholt. Die Raum-Zeit, die er erforschte, war für ihn zugleich die Zeit und der Raum Gottes. Es war mehr als eine metaphorische Redensart, wenn Einstein in zahlreichen Äußerungen immer wieder – und nicht nur bei der Frage des »Würfelns« – von »Gott« oder vom »Herrgott« sprach, wenn er die Natur meinte. Denn die Natur war für ihn Gott, und aus ihr hörte er Gottes Wort in Zeit und Raum.

I

Nur das Leben im Dienst andrer ist lebenswert

Leben und Handeln

*Was ich anstrebe, ist einfach,
mit meinen schwachen Kräften
der Wahrheit und Gerechtigkeit
zu dienen auf die Gefahr hin,
da niemand zu gefallen.*

Nur das Leben im Dienst andrer
ist ein lebenswertes Leben.

Seelig, 310

Das Streben nach moralischem Handeln ist das wichtigste Streben des Menschen. Sein inneres Gleichgewicht, ja, seine Existenz hängen davon ab. Moralisches Handeln allein kann dem Leben Schönheit und Würde verleihen.
Briefe, 91

Ich habe einfach mehr Freude am Geben als am Empfangen in jeder Beziehung und nehme mich nicht wichtig, auch das Treiben des Haufens nicht, schäme mich nicht meiner Schwächen und Laster und nehme von Natur die Dinge mit Humor und Gleichmut hin. Viele sind ja so, und ich kann es absolut nicht begreifen, daß man aus mir eine Art Idol gemacht hat. Es ist wohl ebenso wenig zu begreifen, als warum eine Lawine gerade mit *einem* Stäubchen losgeht und einen bestimmten Weg nimmt.
Born, 245 f.

Wer einen Gedanken findet, der uns auch nur ein wenig tiefer in das ewige Geheimnis der Natur blicken läßt, dem ist eine große Gnade zuteil geworden. *Seelig, 370*

Jeden Tag denke ich daran, daß mein äußeres und inneres Leben auf der Arbeit der jetzigen und der schon verstorbenen Menschen beruht, so daß ich mich anstrengen muß, um im gleichen Ausmaß zu geben, wie ich schon empfangen habe und noch empfange.

Entdecker, 153

Um mich für meine Autoritätsverachtung zu bestrafen, hat mich das Schicksal selbst zu einer Autorität gemacht. *Hoffmann in: Einfluß, 179*

Wer es unternimmt, auf dem Gebiete der Wahrheit und der Erkenntnis als Autorität aufzutreten, scheitert am Gelächter der Götter. *Hoffmann, 290*

Die Musik *wirkt* nicht auf die Forschungsarbeit, sondern beide werden aus derselben Sehnsuchtsquelle gespeist und ergänzen sich bezüglich der durch sie gewährten Auslösung.

Briefe, 75

Was ich zu Bachs Lebenswerk zu sagen habe: Hören, spielen, lieben, verehren und – das Maul halten. Zu Schubert habe ich nur zu bemerken: Musizieren, Lieben – und Maulhalten!

Briefe, 72

Was am eigenen persönlichen Dasein für einen selbst wesentlich ist, das weiß man selber kaum, und den andern braucht es erst recht nicht zu kümmern. Was weiß der Fisch von dem Wasser, in dem er sein Leben lang herumschwimmt?

Das Bittere und das Süße kam von außen, das Harte von innen, aus dem eigenen Streben. Ich tat in der Hauptsache, wozu mich die eigene Natur trieb. Beschämend war es, dafür so viel Achtung und Liebe zu empfangen.

Auch Pfeile des Hasses wurden nach mir geschossen; sie trafen mich aber nie, weil sie gewissermaßen zu einer anderen Welt gehörten, zu der ich keine Beziehung habe. Ich lebte in jener Einsamkeit, die in der Jugend schmerzlich, in den Jahren der Reife aber köstlich ist. *Jahre, 13*

Ich glaube, daß der erschreckende Verfall im ethischen Verhalten der Menschen in erster Linie mit der Mechanisierung und Entpersönlichung unseres Lebens zu tun hat – ein verhängnisvolles Nebenprodukt der Entwicklung des wissenschaftlich-technischen Geistes. Nostra culpa! Ich sehe nicht den Weg, um diesem verhängnisvollen Mangel beizukommen. Der Mensch erkaltet schneller als der Planet, auf dem er sitzt. *Briefe, 79*

Die obersten Grundsätze unseres Strebens und Wertens sind für uns in der jüdisch-christlich religiösen Tradition gegeben: ...Freie und selbstverantwortliche Entfaltung des Individuums, damit es seine Kräfte froh und freiwillig in den Dienst der Gemeinschaft aller Menschen stelle. Da ist kein Platz für Vergottung einer Nation, einer Klasse oder gar eines Individuums. Sind wir nicht alle Kinder eines Vaters? heißt es in der religiösen Sprache. Selbst eine Vergottung der Menschheit als abstraktes Ganzes liegt nicht im Sinne dieses Ideals; der einzelne ist es, dem eine Seele zugesprochen wird. Das hohe Schicksal dieses einzelnen aber ist freiwilliges Dienen und nicht etwa Herrschen oder sich sonstwie zur Geltung bringen. *Jahre, 39*

Wir hatten vergessen, daß die Lebensquelle des Sittlichen eine Existenzbedingung unseres Seins ist. Jetzt aber, im Zustande der Krankheit, müssen wir mit Schrecken sehen, daß diese Quelle bedenklich zurückgegangen ist; und ohne sie sind wir rettungslos dem Verfall ausgeliefert. Je mächtiger die Werkzeuge sind, welche die Gestaltungskraft der Generationen in unsere Hand gegeben hat, desto größere und reinere sittliche Kräfte sind nötig, um von diesen einen heilsamen Gebrauch zu machen. Nicht an Intelligenz fehlt es für die Überwindung des Übels, sondern es fehlt an der selbstlosen, verantwortungsvollen Hingabe der Menschen, im Dienste der Gemeinschaft. *Frieden, 177 f.*

Ich muß bekennen, daß mich selbst in der Form des geistvollen Schachspieles Machtringen und kompetitiver Geist stets abgestoßen haben. *Seelig, 331*

Ich bin fest davon durchdrungen, daß keine Reichtümer der Welt die Menschheit weiterbringen können, auch nicht in der Hand eines dem Ziele noch so ergebenen Menschen. Nur das Beispiel großer und reiner Persönlichkeiten kann zu edlen Auffassungen und Taten führen. Das Geld zieht nur den Eigennutz an und verführt stets unwiderstehlich zum Mißbrauch. Kann sich jemand Moses, Jesus oder Gandhi bewaffnet mit Cargenies Geldsack vorstellen? *Weltbild, 11*

Die großen politischen Dinge unserer Zeit sind so entmutigend, daß man sich in der eigenen Generation ganz vereinsamt fühlt. Es ist, wie wenn die Menschen die Leidenschaft für Recht und Würde verloren hätten und nicht mehr schätzten, was bessere Generationen mit unsäglichem Opfermut erworben haben... Das Fundament aller menschlichen Werte ist eben das Moralische. Das in primitiver Zeit klar gesehen zu haben, ist die einzigartige Größe unseres Moses. Schau Dir die Heutigen dagegen an! *Briefe, 17*

Ich habe das Bedürfnis nach Genügsamkeit und habe oft das bedrückende Bewußtsein, mehr als nötig von der Arbeit meiner Mitmenschen zu beanspruchen. Die sozialen Klassenunterschiede empfinde ich nicht als gerechtfertigt... Auch glaube ich, daß ein schlichtes und anspruchsloses äußeres Leben für jeden gut ist, für Körper und Geist... Die banalen Ziele menschlichen Strebens: Besitz, äußerer Erfolg, Luxus erschienen mir seit meinen jungen Jahren verächtlich. *Weltbild, 7f.*

Alle Religionen, Künste und Wissenschaften sind Äste des gleichen Baumes. Alle diese Bestrebungen sind darauf gerichtet, das menschliche Leben zu veredeln, es aus der Sphäre eines bloß vitalen Daseins herauszuheben und das Individuum zur inneren Befreiung zu führen. *Jahre, 28*

Zur Entfaltung der Wissenschaft und überhaupt der produktiven geistigen Tätigkeit bedarf es einer inneren Freiheit. Es ist jene Freiheit des Geistes, die in der Unabhängigkeit des Denkens von Fesseln autoritärer und gesellschaftlicher Vorurteile sowie von Fesseln unkritischer Routine und Gewohnheit besteht. Diese innere Freiheit ist eine seltene Gabe der Natur und ein würdiges Ziel für das Individuum... Nur wenn äußere und innere Freiheit dauernd und bewußt erstrebt werden, ist die Möglichkeit zu geistiger Entwicklung und zur Vervollkommung und Verbesserung des äußeren und inneren Lebens gegeben. *Jahre, 53*

Als man während des Krieges einen großen holländischen Gelehrten davon zu überzeugen versuchte, daß in der Geschichte der Menschheit Gewalt vor Recht gehe, sagte er: »Ich kann nicht beweisen, daß Ihre Behauptung über die Menschenwelt unrichtig ist, aber *eines* weiß ich sicher, nämlich, daß ich in einer solchen Welt nicht leben möchte.« Lassen Sie uns denken, fühlen und handeln wie dieser Mann, ohne uns auf verderbliche Kompromisse einzulassen. Lassen Sie uns selbst den Kampf nicht scheuen, wo er für die Erhaltung von Recht und Menschenwürde unvermeidlich ist. *Jahre, 30*

Körper und Seele sind nicht zwei verschiedene Dinge, sondern nur zwei verschiedene Arten, dasselbe Ding wahrzunehmen. Entsprechend sind Physik und Psychologie nur zwei verschiedenartige Versuche, unsere Erlebnisse auf dem Weg systematischen Denkens miteinander zu verknüpfen. *Briefe, 38*

Richtig streiten kann man nur mit seinen Brüdern und nahen Freunden; die anderen sind einem zu fremd. *Schilpp, 511*

Um ein tadelloses Mitglied einer Schafherde sein zu können, muß man vor allem ein Schaf sein. *Briefe, 107*

Der Tod eines vom Alter Gebeugten ist eine Erlösung für ihn; ich kann es lebhaft fühlen, weil ich selber alt geworden bin und den Tod empfinde wie eine alte Schuld, die man endlich entrichtet. Dabei tut man doch instinktiv alles Mögliche, um diese letzte Erfüllung hinauszuschieben. So ist das Spiel, das die Natur mit uns treibt. Wir mögen selber darüber lächeln, daß wir so sind, aber wir können uns doch nicht frei machen von jenen Instinkten, denen wir alle unterworfen sind.

Frieden, 610 (1955)

II

Der Staat ist für die Menschen da

Politik und Gesellschaft

Es ist kaum zu glauben,
wie wenig die Menschen
selbst aus den härtesten
Erfahrungen lernen.

Der Staat ist für die Menschen da und nicht die Menschen für den Staat. Von der Wissenschaft kann das gleiche gesagt werden wie vom Staat. Dies sind alte Formeln, geprägt von solchen, die die menschliche Persönlichkeit als den höchsten menschlichen Wert ansehen... Als wichtigste Aufgabe des Staates sehe ich die, das Individuum zu schützen und ihm die Möglichkeit zu bieten, sich zur schöpferischen Persönlichkeit zu entfalten. Der Staat soll also unser Diener sein, nicht wir Sklaven des Staates... Wir sollen für den Staat nur solche Opfer bringen, welche der freien Entwicklung menschlicher Individuen zugute kommen. Frieden, 167 = Weltbild, 73 f.

Es bleibt mir nichts anderes übrig, als meine Zeit zwischen der Politik und den Gleichungen zu teilen. Im Grunde genommen sind mir die Gleichungen jedoch viel wichtiger. Denn Politik ist für die Gegenwart da. Die Gleichungen aber sind gemacht für die Ewigkeit.

Seelig, 418

Drollige Gesellschaft, diese Deutschen. Ich bin ihnen eine stinkende Blume und sie stekken mich doch immer wieder ins Knopfloch.

Frieden, 93

Ich bin viel toleranter geworden, ohne im Prinzip meine Ansichten im Geringsten zu ändern. Ich sehe, daß oft jene Menschen politisch die machtgierigsten und maßlosesten sind, welche als Privatmenschen keine Fliege töten können. *Frieden, 38*

In moralischen Dingen gibt es keine Organisation und kann es keine geben. Deshalb haben Buddha und Christus auch keine Vereine gegründet. *Frieden, 155*

Die Kinder benutzen nicht die Lebenserfahrung der Eltern; die Nationen kehren sich nicht um die Geschichte. Die schlechten Erfahrungen müssen immer wieder aufs Neue gemacht werden. *Frieden, 76*

Unter einer wirklich guten demokratischen Regierung stelle ich mir eine Regierung vor, die dem Menschen genügend Freiheiten läßt, die ihm aber auch gleichzeitig genügend Sicherheit gegen den Mißbrauch der Freiheiten garantiert. *Seelig, 406*

Ich bin fest davon überzeugt, daß leidenschaftlicher Wille zum Recht und zur Wahrheit für die Verbesserung der menschlichen Verhältnisse weit mehr geleistet hat als berechnende politische Klugheit, die auf die Dauer doch nichts anderes erzeugt als Mißtrauen aller gegen alle. Kann man daran zweifeln, daß Moses ein besserer Führer gewesen ist als Machiavelli? *Frieden, 290*

Große Geister haben stets heftige Gegnerschaft in den Mittelmäßigen gefunden. Diese letzteren nämlich können es nicht verstehen, wenn ein Mensch sich nicht gedankenlos den ererbten Vorurteilen unterwirft, sondern ehrlich und mutig seine Intelligenz gebraucht und die Pflicht erfüllt, die Ergebnisse seines Denkens in klarer Form auszusprechen.

Frieden, 323

Unsere Zivilisation hat die Erhaltung und Entwicklung unserer inneren Kultur zur notwendigen Voraussetzung. Diese aber empfängt ihre Nahrung aus zwei Quellen.

Die erste kommt von dem hellenischen Geiste her und empfing ihre Erneuerung und Ergänzung in der italienischen Renaissance.

Sie tritt an das Individuum mit der Forderung heran: Denke, beobachte und gestalte!

Die zweite kommt aus dem Judentum und dem Urchristentum. Sie ist gekennzeichnet durch die Maxime: Rette deine Seele durch selbstlosen Dienst an der menschlichen Gesellschaft. Wir können in diesem Sinne von einer gestaltenden und einer sittlichen Lebensquelle unserer Kultur reden. *Frieden, 177*

Die Tragik des modernen Menschen liegt darin: er hat für sich selber Daseinsbedingungen geschaffen, denen er auf Grund seiner phylogenetischen Entwicklung nicht gewachsen ist. Furcht, Haß, Streitsucht und Habgier, die auf den primitiven Lebensstufen seiner Selbstbehauptung dienten, bedrohen seine Existenz unter den Bedingungen des Daseins, die er in den letzten paar Jahrtausenden mit stetig und rapid steigender Schnelligkeit selber herbeigeführt hat. Unter diesen veränderten Existenzbedingungen bedroht seine psychische Erbmasse ihn mit rascher Vernichtung. *Frieden, 494*

Warum beglückt uns die herrliche, das Leben erleichternde, Arbeit ersparende Technik so wenig? Die einfache Antwort lautet: weil wir noch nicht gelernt haben, einen vernünftigen Gebrauch von ihr zu machen. Im Kriege dient sie dazu, daß wir uns gegenseitig vergiften oder verstümmeln. Im Frieden hat sie unser Leben hastig und unsicher gestaltet. Statt uns weitgehend von geisttötender Arbeit zu befreien, hat sie die Menschen zu Sklaven der Maschine gemacht, die meist mit Unlust ihr eintöniges, langes Tagewerk vollbringen und stets um ihr armseliges Brot zittern müssen...

Die Sorge um die Menschen und ihr Schicksal muß stets das Hauptinteresse allen technischen Strebens bilden, die großen ungelösten Fragen der Organisation der Arbeit und der Güterverteilung, damit die Erzeugnisse unseres Geistes dem Menschengeschlecht zum Segen gereichen und nicht zum Fluche. *Frieden, 138f.*

Was uns der Erfindergeist der Menschen in den letzten hundert Jahren geschenkt hat, vermöchte das Leben sorglos und glücklich zu gestalten, wenn die organisatorische Entwicklung mit der technischen hätte Schritt halten können. So aber nimmt sich das mühsam Errungene in der Hand unserer Generation aus wie ein Rasiermesser in der Hand eines dreijährigen Kindes. Der Besitz von wunderbaren Produktionsmitteln brachte nicht Freiheit, sondern Sorge und Hunger. Am schlimmsten aber wirkt sich der technische Fortschritt da aus, wo er die Mittel zur Vernichtung von Menschenleben und mühsam erzeugten Produkten der Arbeit liefert.

Frieden, 162f

Die Tragik des modernen Menschen liegt – allgemein gesehen – darin: Er hat für sich selber Daseinsbedingungen geschaffen, denen er auf Grund seiner phylogenetischen Entwicklung nicht gewachsen ist. Furcht, Haß, Streitsucht und Habgier, die auf den primitiven Lebensstufen seiner Selbstbehauptung dienten, bedrohen seine Existenz unter den Bedingungen des Daseins, die er in den letzten paar Jahrtausenden mit stetig und rapid steigender Schnelligkeit selber herbeigeführt hat. Unter diesen veränderten Existenzbedingungen bedroht ihn seine psychische Erbmasse mit rascher Vernichtung. *Jahre, 183 f.*

Technik und Wissenschaft gereichen dem Menschen zum Verderben, wenn die moralischen Kräfte verkümmert sind. *Frieden, 165*

Die Fortschritte der Physik haben die Anwendung wissenschaftlicher Entdeckungen zu technischen und militärischen Zwecken möglich gemacht, und darin liegt eine große Gefahr. Aber verantwortlich sind jene, die die neuen Entdeckungen praktisch anwenden, und nicht die Förderer des wissenschaftlichen Fortschritts, das heißt: nicht die Wissenschaftler, sondern die Politiker. *Frieden, 501*

Die Grenzlinie ist nicht zwischen Wissenschaftlern und Nichtwissenschaftlern zu ziehen, sondern zwischen verantwortungsvollen, anständigen Menschen und allen übrigen. Die Wissenschaftler schweigen, weil sie entdeckt haben, daß die anständigen Menschen eine verschwindende Minderheit darstellen. Ihre einzige Alternative heißt: Verweigerung der Mitarbeit oder Sklaverei.

Frieden, 552

Um das Endziel – die *eine* Welt, anstelle zweier einander feindlich gegenüberstehender Welten – zu erreichen, dürfte eine partielle Weltregierung nie den Eindruck einer Allianz gegen die übrigen Teile der Welt erwecken. Der einzige, wirkliche Schritt zur Weltregierung ist – die Weltregierung... Die Vereinten Nationen müssen jetzt – wie es später die Weltregierung tun wird – einem einzigen Ziel dienen: der Garantie der Sicherheit, des Friedens und der Wohlfahrt der ganzen Menschheit. *Frieden, 444*

Der technologische Fortschritt hat zur Folge, daß die Arbeitslosigkeit zunimmt, statt die Arbeitslast aller zu vermindern. Das Profitmotiv in Verbindung mit der Konkurrenz, der Kapitalbesitz bringt eine Instabilität in der Verwendung des Kapitals mit sich, die zu den immer häufiger sich wiederholenden »Depressionen« führt. Hemmungslose Konkurrenz führt zu einer maßlosen Verschwendung von Arbeitskraft und zu der schon erwähnten Verkrüppelung der sozialen Seite in der Veranlagung der Individuen. Diese Verkrüppelung halte ich für das größte Übel, das der »Kapitalismus« mit sich bringt. Dieses Übel macht sich schon im Erziehungswesen geltend, in welchem das junge Individuum mit einem übertriebenen kompetitiven Geist erfüllt und zur Bewunderung des aquisitiven Erfolges erzogen wird: eine Vorbereitung für das spätere Berufsleben... Die Erziehung des Individuums erstrebt die Erweckung eines auf den Dienst am Nebenmenschen gerichteten Ideales, das an die Stelle der Glorifizierung von Macht und Erfolg zu treten hat. *Jahre, 194f.*

Ich halte das Problem der Beseitigung der schweren wirtschaftlichen Ungerechtigkeiten für noch wichtiger als das pazifistische Problem. Ich bin aber überzeugt, daß wir die Lösung des letzteren nicht von der Lösung des ersteren abhängig machen dürfen, da bereits die heutigen Verhältnisse für die Schaffung einer Organisation reif sind, durch welche die Kriege abgeschafft werden. *Frieden, 164*

So sehr ich den Sozialismus als notwendig ansehe, so wird er nach meiner Meinung nicht die Lösung des Problems der internationalen Sicherheit herbeiführen. Im Gegenteil: der Sozialismus führt in einer Demokratie notwendigerweise zu starker Konzentration der politischen Macht – und sozialistische Bürokraten sind zu aggressiven Aktionen nicht weniger geneigt als die Exponenten der heutigen privatwirtschaftlichen Interessen. Was das Verhältnis zwischen Frieden und Sozialismus angeht, bin ich oft in sozialistischen Kreisen einem mir unbegründet erscheinenden Optimismus begegnet. *Frieden, 531 f.*

III

Unsere Waffen seien Waffen des Geistes

Krieg und Frieden

Gandhi, der grösste politische
Genius unserer Zeit,
ist ein lebendiges Zeugnis dafür,
dass der von fester Überzeugung
beherrschte Wille stärker ist
als scheinbare materielle Macht.

Unsere Waffen seien Waffen des Geistes, nicht Panzer und Geschosse. Was für eine Welt könnten wir bauen, wenn wir die Kräfte, die ein Krieg entfesselt, für den Aufbau einsetzten. Ein Zehntel der Energien, die die kriegführenden Nationen im Weltkrieg verbraucht, ein Bruchteil des Geldes, das sie mit Handgranaten und Giftgasen verpulvert haben, wäre hinreichend, um den Menschen aller Länder zu einem menschenwürdigen Leben zu verhelfen sowie die Katastrophe der Arbeitslosigkeit in der Welt zu verhindern.

Krieg?, 10f. = Frieden, 143 (1931)

Dem Kriege gewisse Regeln und Beschränkungen vorschreiben zu wollen, scheint mir ganz aussichtslos. Krieg ist eben kein Spiel und kann daher nicht nach Spielregeln getrieben werden. Nur der Krieg als solcher kann bekämpft werden, und dies von Seiten der Massen am wirksamsten durch Organisation der absoluten Kriegsdienstverweigerung im großen schon in Friedenszeiten.

Frieden, 109 (1928)

Kein Mensch hat das moralische Recht, sich Christ oder Jude zu nennen, wenn er bereit ist, auf Befehl einer Obrigkeit planmäßig zu morden oder sich im Dienst eines derartigen Beginnens oder der Vorbereitung hierfür irgendwie mißbrauchen zu lassen.

Frieden, 110 (1928)

Für mich ist jede Tötung von Menschen gemeiner Mord, auch wenn es der Staat im Großen tut.

Frieden, 112 (1929)

Mein Pazifismus ist instinktiver Natur – ein Gefühl, von dem ich besessen bin. Der Gedanke des Mordes an einem menschlichen Wesen erfüllt mich mit Abscheu. Meine Haltung ist nicht von intellektueller Theorie, sondern von einem tiefen Widerwillen gegenüber jeglicher Art von Grausamkeit und Haß motiviert. *Frieden, 116 (1929)*

Ich gebe zu, daß der sich nicht Verteidigende zunächst ein schweres Opfer auf sich nimmt, aber ein Opfer im Dienst der weiteren Gemeinschaft und der höheren Entwicklung. Aber: ohne Opfer ist kein wirklicher Fortschritt zu erzielen. *Frieden, 118 (1929)*

Krieg führen heißt Unschuldige töten und sich selbst unschuldig töten lassen... Kann sich ein selbständiger und anständiger Mensch an einem solchen Geschäft beteiligen? Würden Sie einen Meineid begehen, wenn es Ihr Staat verlangt? Gewiß nicht, aber Unschuldige töten? *Frieden, 119 (1929)*

Wissenschaft ist ein mächtiges Werkzeug. Wie es gebraucht wird, ob zum Heile oder zum Fluche des Menschen, hängt vom Menschen ab, nicht vom Werkzeug. Mit einem Messer kann man töten oder dem Leben dienen. Wir dürfen also die Rettung nicht von der Wissenschaft, sondern nur vom Menschen erwarten. Solange dieser für das Verbrechen gegen Menschen systematisch erzogen wird, wird die so erzeugte Mentalität immer wieder Katastrophen herbeiführen. *Frieden, 122 (1930)*

Die Befreiung von der Geißel des Krieges vermag die Wissenschaft allein nicht zu bringen. Sie ist einem mächtigen Werkzeug vergleichbar, das ebensogut das Leben fördern wie vernichten helfen kann. Vor den Schrekken des Krieges kann uns nichts retten als der feste Wille, ihn abzuschaffen und sich unter keinen Umständen dazu herzugeben, daß ihre Kräfte im Dienste dieser schlechten Sache mißbraucht werden. Hier gilt Luthers Wort: »Es gibt kein Mittel, daß ihr nicht müsset vernünftig sein.« *Frieden, 122 f. (1930)*

Als das eigentlich Wertvolle im menschlichen Getriebe empfinde ich nicht den Staat, sondern das schöpferische und fühlende Individuum, die Persönlichkeit: sie allein schafft das Edle und Sublime, während die Herde als solche stumpf im Denken und stumpf im Fühlen bleibt... Wenn einer mit Vergnügen in Reih und Glied zu einer Musik marschieren kann, dann verachte ich ihn schon; er hat sein großes Gehirn nur aus Irrtum bekommen, da für ihn das Rückenmark schon völlig genügen würde. Diesen Schandfleck der Zivilisation sollte man so schnell wie möglich zum Verschwinden bringen. Heldentum auf Kommando, sinnlose Gewalttat und die leidige Vaterländerei, wie glühend hasse ich sie, wie gemein und verächtlich erscheint mir der Krieg; ich möchte mich lieber in Stücke schlagen lassen, als mich an einem so elenden Tun beteiligen! *Weltbild, 9 f. = Frieden, 129 (1930)*

Ich bin nicht nur Pazifist; ich bin militanter Pazifist. Ich bin bereit, für den Frieden zu kämpfen. Der Krieg kann nur auf eine einzige

Weise verhindert werden: durch die Weigerung der Menschen, in den Krieg zu gehen. Jede große Sache wird zuerst von einer aggressiven Minderheit verfochten. Ist es nicht besser, für eine Sache, an die man glaubt – wie die des Friedens – umzukommen, als für eine Sache zu bluten, an die man nicht glaubt, wie den Krieg? Jeder Krieg vergrößert den teuflischen Zirkel, der den Fortschritt der Menschheit lähmt. *Krieg?, 9 = Frieden, 142 (1931)*

Es gäbe genug Geld, genug Arbeit, genug zu essen, wenn wir die Reichtümer der Welt richtig verteilen würden, statt uns zu Sklaven starrer Wirtschaftsdoktrinen oder -traditionen zu machen. Vor allem aber dürfen wir nicht zulassen, daß unsere Gedanken und Bemühungen von konstruktiver Arbeit abgehalten und für die Vorbereitung eines neuen Krieges mißbraucht werden. Ich bin der gleichen Meinung wie der große Amerikaner Benjamin Franklin, der sagte: es hat niemals einen guten Krieg und niemals einen schlechten Frieden gegeben. *Krieg?, 9 = Frieden, 142 (1931)*

Die Massen sind niemals kriegslüstern, solange sie nicht durch Propaganda vergiftet werden. Wir müssen sie gegen Propaganda immunisieren. Wir müssen unsere Kinder gegen Militarismus impfen, indem wir sie im Geiste des Pazifismus erziehen... Unsere Schulbücher verherrlichen den Krieg und schweigen über sein Grauen. Sie bringen den Kindern den Haß bei. Ich möchte, daß man statt des Krieges den Frieden und statt des Hasses die Liebe lehre. Die Schulbücher sollten neu geschrieben werden... Und die Erziehung sollte an der Wiege beginnen. Die Mütter der ganzen Welt haben die Pflicht, die Saat des Friedens säend, das Denken ihrer Kinder bestimmen zu helfen. *Krieg?, 9 = Frieden, 142 (1931)*

Wir müssen bereit sein, heroische Opfer, wie wir sie widerspruchslos im Krieg hinnehmen, für die Sache des Friedens zu bringen. Es gibt keine wichtigere Aufgabe für mich und keine, die mir mehr am Herzen liegt.

Krieg?, 11 = Frieden, 143 (1931)

Was ich sonst mache oder sage, kann die Struktur des Universums nicht ändern. Aber vielleicht kann meine Stimme der größten Sache dienen: guten Willen unter den Menschen und Friede auf Erden.

Krieg?, 11 = Frieden, 143 (1931)

Es dürfen nicht Geistliche irgendwelcher Konfession dazu angehalten werden, daß sie in Feldgottesdiensten oder sonstigen religiösen Handlungen die Kriegswaffen der Soldaten oder anderer am Krieg teilnehmender Personen segnen und den Sieg ihrer Nation von Gott erflehen, weil eine derartige Handlung im Sinne der Ächtung des Krieges als eine unehrenhafte anzusehen ist und dem Geiste der Nächstenliebe widerspricht.

Frieden, 170 (1931)

Am schlimmsten wirkt sich der technische Fortschritt da aus, wo er die Mittel zur Vernichtung von Menschenleben und mühsam erzeugten Produkten der Arbeit liefert. Wir

Ältere haben es im Weltkrieg schaudernd erlebt. Noch schrecklicher als die Vernichtung dünkt mich die unwürdige Knechtschaft, in die der einzelne durch den Krieg hineingerissen wird. Ist es nicht furchtbar, durch die Allgemeinheit zu Handlungen gezwungen zu werden, die jeder einzelne als verabscheuungswürdige Verbrechen empfindet?

Weltbild, 77f. (1932)

Wenn einer schon ein Held sein will, dann mag er es dadurch bekunden, daß er die Konsequenzen auf sich nimmt, welche ihm aus der Verweigerung des Kriegsdienstes erwachsen. *Frieden, 229 (1. 5. 1933)*

Ich habe vor einigen Jahren die Kriegsdienstverweigerung verteidigt... Seither haben sich zwar nicht meine Ansichten, wohl aber die europäischen Verhältnisse geändert. Solange Deutschland durch materielle Rüstungen und Abrichtung der Bürger systematisch den Revanchekrieg vorbereitet, sind die westeuropäischen Länder leider auf militärische Abwehr angewiesen. Ich behaupte sogar, daß sie, wenn sie klug und vorsichtig sind, nicht warten werden, bis sie angegriffen sind... Dies können sie nur, wenn sie hinreichend gerüstet sind. Dies zu sagen macht mir wenig Freude, denn ich hasse in meinem Herzen Gewalt und Militarismus nicht weniger als je zuvor. Ich kann aber meine Augen nicht vor der Wirklichkeit verschließen.

Frieden, 247 (28.8.1933)

Unter den heutigen Umständen können vernünftige Pazifisten nicht mehr die Zerstörung, sondern nur mehr die Internationalisierung der militärischen Macht erstreben. Erst wenn diese einmal erreicht ist, müssen wir die Reduktion zu einer internationalen Polizei anstreben. Die Gefahr wird nicht dadurch gebannt, daß wir vor ihr die Augen schließen!

Frieden, 253 (11.9.1933)

Bis etwa 1933 habe ich mich für Verweigerung des Militärdienstes eingesetzt. Als aber der Faschismus aufkam, erkannte ich, daß dieser Standpunkt nicht aufrecht zu erhalten war, wenn nicht die Macht in der ganzen Welt in die Hände der schlimmsten Feinde der ganzen Menschheit geraten soll. Gegen organisierte Macht gibt es nur organisierte Macht; ich sehe kein anderes Mittel, so sehr ich es auch bedauere...

Es gibt einen vernünftigen Pazifismus und einen unvernünftigen. Vernünftiger Pazifismus sucht die Kriege durch auf Macht gegründete Ordnung zu verhüten, nicht durch rein passive Haltung den Weltproblemen gegenüber... Vernünftiger, aktiver Pazifismus ist heute wichtiger als je. Man muß die Erkenntnis zu verbreiten suchen, daß Sicherung des Friedens heute nur auf der Basis einer Weltorganisation erreichbar ist, welcher die besonderen Interessen des eigenen Landes unterzuordnen sind. Die Losung heißt: Sicherung durch teilweisen Verzicht.

Frieden, 330f. (1941)

Dauernder Friede kann nicht durch Drohungen, sondern nur durch den ehrlichen Versuch vorbereitet werden, gegenseitiges Vertrauen herzustellen. *Jahre, 137 (1946)*

Die Entfesselung der Atomenergie hat eine neue Welt geschaffen, in der alte Denkmethoden völlig sinnlos geworden sind, und darin sind alte diplomatische Traditionen wie die Idee des »Gleichgewichts der Mächte« einbegriffen. Im Atomzeitalter muß die Menschheit den Krieg abschaffen. Er ist eine Frage von Leben und Tod. Die einzige Militärmacht, die der Welt Sicherheit verschaffen kann, ist eine auf Weltrecht gestützte supranationale Polizeitruppe. Diesem Ziel müssen wir unsere ganze Kraft widmen. *Frieden, 417 f. (1947)*

Ich war überhaupt nicht an militär-technischen Arbeiten beteiligt, habe mich nie mit Untersuchungen beschäftigt, die mit der Atombombe zusammenhängen. Mein einziger Beitrag auf diesem Gebiete liegt darin, daß ich 1905 die Beziehung zwischen Masse und Energie aufstellte, eine ganz allgemeine physikalische Wahrheit, deren Zusammenhang mit militärischen Möglichkeiten ganz außerhalb meines Interesses lag. Mein einziger Beitrag auf dem Gebiet der Atombombe lag in der Unterzeichnung eines Briefes an Präsident Roosevelt, in dem ich auf die Möglichkeit der Herstellung der Atombombe und auf die Gefahr aufmerksam machte, daß die Deutschen von dieser Möglichkeit Gebrauch machen könnten. Dies war meine Pflicht angesichts der Gefährdung der Welt durch Hitler und seinen Spießgesellen. *Frieden, 517f. (1950)*

Was mir am ehesten erreichbar erscheint, ist die Abschaffung der Kriege auf übernationaler Basis. Es ist wahr, daß eine Weltregierung weder gerechter noch vernünftiger sein dürfte als die jetzigen Regierungen. Aber Abschaffung des Krieges ist heute eine notwendige Vorbedingung für jede fruchtbare Reform im Einzelnen. Denn Kriegsgefahr und Tyrannei sind unzertrennlich. *Frieden, 552 (1951)*

Ich bin Pazifist – aber nicht Pazifist um jeden Preis. Meine Anschauungen decken sich nahezu mit denen Gandhis. Aber gegen einen Mordversuch an mir oder gegen den Versuch, mir oder meinem Volk die Existenzmittel zu entziehen, würde ich mich, allein oder mit anderen zusammen, mit Gewalt zur Wehr setzen. Darum war ich überzeugt, daß der Kampf gegen Hitler berechtigt und notwendig war. Denn hier handelte es sich um einen beispiellosen Versuch der Ausrottung ganzer Völker. Im übrigen bin ich der Meinung, daß die Verwirklichung des pazifistischen Ziels nur durch eine übernationale Organisation erfolgen kann. Daran bedingungslos festzuhalten, erscheint mir als das Kriterium des wahren Pazifismus. *Frieden, 561 (1952)*

Ich verurteile die militärische Einstellung unserer Zeit, ... bin überhaupt mein Leben lang Pazifist gewesen und halte Gandhi für den einzigen wirklich großen politischen Menschen unserer Zeit. Mit der Atombombe bin ich auf zweierlei Weise verknüpft. Ich habe die Äquivalenz von Masse und Energie vor fast 50 Jahren entdeckt. Diese Beziehung hat als leitender Gesichtspunkt für die Forschungsarbeiten gedient, die zur Entfesselung der Atomenergie führten. Zweitens habe ich einen Brief an Präsident Roosevelt unterzeichnet, in dem die Notwendigkeit betont wird, auf dem Gebiet der Atombombe zu arbeiten. Dies hielt ich für nötig angesichts der furchtbaren Gefahr, daß die Nazi-Regierung zuerst in den Besitz der Atomwaffe hätte kommen können. *Frieden, 566f. (1952)*

Bloßes Lob des Friedens ist einfach, aber wirkungslos. Was wir brauchen, ist aktive Teilnahme am Kampf gegen den Krieg und alles, was zum Krieg führt. *Frieden, 590 (1953)*

IV

Mein Landsmann Jesus Christus

Tradition und Judentum

Aber andererseits tue ich,
was ich nur kann, für
meine Stammesbrüder,
die überall so gemein
behandelt werden

Ich halte es lieber mit meinem Landsmann Jesus Christus. Leiden ist mir eben wirklich lieber als Gewalt üben. Frieden, 41

Das Judentum ist keine transzendente Religion; es hat nur mit dem von uns erlebten, gewissermaßen greifbaren Leben zu tun und mit nichts anderem. Es scheint mir daher fraglich, ob es eine »Religion« im geläufigen Sinn des Wortes genannt werden kann, zumal eben vom Juden kein »Glaube« verlangt wird, sondern Heiligung des Lebens im überpersönlichen Sinn.

Es steckt aber noch etwas anderes in der jüdischen Tradition, was sich in manchen Psalmen so herrlich offenbart, nämlich eine Art trunkener Freude und Verwunderung über die Schönheit und Erhabenheit dieser Welt, von welcher der Mensch eben noch eine schwache Ahnung erlangen kann. Es ist das Gefühl, aus welchem auch die wahre Forschung ihre geistige Kraft schöpft, das sich aber auch im Gesang der Vögel zu äußern scheint.

Weltbild, 118

Das Wesen der jüdischen Lebensauffassung scheint mir zu sein: Bejahung des Lebens aller Geschöpfe. Leben des Individuums hat nur Sinn im Dienst der Verschönerung und Veredelung des Lebens alles Lebendigen. Leben ist heilig, d. h. der höchste Wert, von dem alle Wertungen abhängen. Die Heiligung des über-individuellen Lebens bringt die Verehrung alles Geistigen mit sich – ein besonders charakteristischer Zug der jüdischen Tradition.

Weltbild, 117 f.

Es ist charakteristisch, daß im Gebot der Heiligung des Sabbats auch die Tiere ausdrücklich eingeschlossen waren, so sehr fühlte man die Forderung der Solidarität des Lebenden als Ideal. Noch viel stärker kommt die Forderung der Solidarität aller Menschen zum Ausdruck, und es ist kein Zufall, daß die sozialistischen Forderungen größtenteils von Juden ausgingen. Wie sehr aber das Bewußtsein von der Heiligkeit des Lebens im jüdischen Volke lebendig ist, wird sehr schön durch ein Sätzchen veranschaulicht, das

Walther Rathenau mir gegenüber einmal in einem Gespräch äußerte: »Wenn ein Jude sagt, er gehe zu seinem Vergnügen auf die Jagd, so lügt er.« Einfacher kann man dem Bewußtsein von der Heiligkeit des Lebens, wie es im jüdischen Volke lebt, nicht Ausdruck geben.

Weltbild, 119

Die Natur hat den Tieren, die sich unmittelbar vom Fleische ihrer Mitgeschöpfe ernähren müssen, eine Lust am Töten eingepflanzt, und es ist kein Zweifel, daß wir von solchen Tieren abstammen. Dieser Instinkt scheint aber im Menschen zu erlöschen, wenn er durch Jahrtausende im Zustande der Zivilisation lebt. Nur so kann ich mir erklären, daß ich beim Gedanken an eine Jagdpartie einen starken und unmittelbaren Abscheu empfinde, während ich doch bei so vielen meiner Mitmenschen, die meist über eine viel kürzere Zeit der Zivilisation ihrer Vorfahren zurückblicken, eine ganz entgegengesetzte seelische Reaktion vorfinde. Ich weiß, daß diese tiefgehende Diskrepanz von Menschen meiner Art als tragisch empfunden wird; sie erstreckt sich natürlich nicht nur auf die seelische Haltung gegenüber der Tierwelt, sondern auch auf das gefühlsmäßige Verhalten der Menschen gegeneinander. *Frieden, 290f.*

Wenn man das Judentum der Propheten und das Christentum, wie es Jesus Christus gelehrt hat, von allen Zutaten der Späteren, insbesondere der Priester, loslöst, so bleibt eine Lehre übrig, die die Menschheit von allen sozialen Krankheiten zu heilen imstande wäre. Dem wohlmeinenden Menschen erwächst die Pflicht, in seinem Kreis unentwegt zu versuchen, diese Lehre der reinen Menschlichkeit lebendig zu machen, so gut er es vermag. Wenn er dies ehrlich versucht, ohne von seinen Zeitgenossen verstoßen und vernichtet zu werden, so darf er sich und seine Gemeinschaft glücklich preisen. *Weltbild, 119*

Der Tanz um das goldene Kalb ist nicht nur eine legendäre Episode in der Geschichte unserer Vorväter gewesen – eine Episode, die mir in ihrer Einfalt unschuldiger erscheint als jene totale Zuwendung zu materiellen und egoistischen Zielen, welche in unseren Tagen die Judenheit bedroht. In dieser Zeit ist eine Vereinigung derer, die sich um das geistige Erbe unseres Volkes scharen, von hoher Berechtigung. Dies gilt um so mehr für eine Gemeinschaft, welche von jeder historischen und nationalen Verengung ihres Standpunktes frei ist. Wir Juden sollen Träger und Förderer geistiger Werte sein und bleiben. Wir sollen aber auch stets uns der Tatsache bewußt sein, daß dies Geistige gemeinsamer Besitz und gemeinsames Ziel der ganzen Menschheit ist und stets gewesen ist. *Jahre, 239*

Streben nach Erkenntnis um ihrer selbst willen, an Fanatismus grenzende Liebe zur Gerechtigkeit und Streben nach persönlicher Selbständigkeit – das sind die Motive der Tradition des jüdischen Volkes, die mich meine Zugehörigkeit zu ihm als ein Geschenk des Schicksals empfinden lassen. *Weltbild, 117*

Was die Juden verbindet und seit Jahrtausenden verbunden hat, ist in erster Linie das demokratische Ideal der sozialen Gerechtigkeit und die Idee der Pflicht zur gegenseitigen Hilfe und Duldsamkeit aller Menschen untereinander... Die einzigartigen Leistungen der Juden auf dem Gebiete der Wohltätigkeit entstammen derselben Quelle.

Der zweite charakteristische Zug der jüdischen Tradition ist die hohe Wertschätzung jeder Art intellektuellen Strebens und geistiger Arbeit. Dieser hohen Wertung der Erkenntnis allein ist es nach meiner Überzeugung zuzuschreiben, daß die Juden an den Fortschritten der Erkenntnis im weitesten Sinne des Wortes in einem Maße mitgewirkt haben, das im Hinblick auf ihre verhältnismäßig geringe Zahl und auf die bedeutenden äußeren Hemmungen, die ihnen stets und allenthalben im Wege standen, die Anerkennung aller ehrlichen Menschen verdient. Nach meiner Überzeugung ist dies nicht auf einen besonderen Reichtum an Begabungen zurückzuführen, sondern darauf, daß die Wertschätzung der geistigen Leistung unter den Juden eine Atmosphäre schafft, die der Entwicklung der vorhandenen Begabungen besonders günstig ist. Dabei herrscht ein kritischer Geist vor, der es verhindert, daß irgendeiner menschlichen Autorität blinde Gefolgschaft geleistet wird. *Jahre, 245 f.*

Unsere jüdischen Vorfahren, die Propheten und die alten chinesischen Weisen haben klar erkannt und ausgesprochen, daß die Setzung und Befestigung des Zieles für die Gestaltung unseres menschlichen Daseins das Wichtigste ist; das Ziel aber ist eine Gemeinschaft froher und freier Menschen, die in ständigem inneren Streben sich von der Erbschaft antisozialer, destruktiver Triebe zu befreien trachten. In den Dienst solchen Strebens gestellt, wird der Intellekt zum mächtigsten Helfer. Die Früchte intellektuellen Strebens zusammen mit dem Streben selbst werden im Verein mit künstlerischem Schaffen dem Leben Inhalt und Sinn verleihen. *Jahre, 252*

Diejenigen, die heute gegen die Ideale der Vernunft und der individuellen Freiheit wüten und mit den Mitteln brutaler Gewalt die geistlose Staatssklaverei durchsetzen wollen, sehen mit Recht in uns ihre unversöhnlichen Gegner. Die Geschichte hat uns einen schweren Kampf auferlegt. Aber solange wir ergebene Diener der Wahrheit, Gerechtigkeit und Freiheit bleiben, werden wir nicht nur fortbestehen als eines der ältesten lebenden Kulturvölker, sondern auch wie bisher in produktiver Arbeit Werte schaffen, die zur Veredelung der Menschheit beitragen. *Weltbild, 117*

Das Schwere, das wir erlebten, hat auch wohltätige Folgen mit sich geführt. Es hat uns aufs neue gezeigt, wie stark das Schicksalsband ist, das die Juden aller Länder verbindet. Die Krise hat aber auch unsere Einstellung zum Palästinaproblem geläutert, von den Schlacken einer nationalistischen Auffassung befreit. Klar wurde ausgesprochen, daß unser Ziel nicht die Schaffung einer politischen Gemeinschaft ist, sondern daß unser Ziel der alten Tradition der Judenheit entsprechend ein kulturelles ist, im weitesten Sinne des Wortes.

Hierzu gehört es, daß wir das Problem des Zusammenlebens mit dem Brudervolk der Araber in einer noblen, offenen und würdigen Weise lösen. Hier haben wir Gelegenheit, zu zeigen, was wir in den Jahrtausenden unserer schweren Vergangenheit gelernt haben.

Weltbild, 126f. (1931)

Wir müssen unseren Beziehungen zum arabischen Volke große Aufmerksamkeit schenken. Durch Pflege dieser Beziehungen werden wir imstande sein, zu verhindern, daß sich in Zukunft derart gefährliche Spannungen heranbilden, die zur Provokation feindlicher Akte mißbraucht werden könnten. Wir vermögen dies Ziel sehr wohl zu erreichen, weil unser Aufbauwerk so geführt worden ist und geführt werden muß, daß es auch den tatsächlichen Interessen der arabischen Bevölkerung dient. *Weltbild, 127 (1932)*

Wenn das jüdische Volk durch Jahrtausende fortbestehen konnte, so verdankt es diese Widerstandskraft dem Festhalten an den in der Bibel festgelegten Lehren über das gegenseitige Verhalten der Menschen. In diesen Jahren der Drangsal wird die gegenseitige Hilfsbereitschaft auf eine harte Probe gestellt. Sorge jeder dafür, daß wir uns bewähren, wie sich auch unsere Väter bewährt haben.

Jahre, 251 (1939)

Wir sollen unablässig darauf bedacht sein, die in unserer Mitte lebenden Bürger arabischer Nationalität als in jeder Beziehung gleichberechtigt zu behandeln und das nötige Verständnis für die in der Natur der Dinge liegenden Schwierigkeiten ihrer Situation aufzubringen. Durch solche Haltung werden wir nicht nur loyale Mitbürger gewinnen, sondern auch unsere Beziehungen zur arabischen Welt langsam, aber sicher verbessern... Unsere Haltung zu unserer arabischen Minderheit ist der wahre Prüfstein unseres moralischen Standards. *Frieden, 632 (1955)*

V

Demütige Anbetung eines unendlichen geistigen Wesens

Gott und Religion

Der liebe Gott hat es scheinbar
recht gemächlich aufgenommen,
was Sie ihm aufgetragen haben.
Aber gewirkt hat es doch,
Er richtet sich wahrscheinlich
gewissenhaft nach der Maxime
jenes Ministerialbeamten: Es gibt
keine Angelegenheit, die so dringend
wäre, dass sie nicht bei längerem
Liegenlassen noch dringender
werden könnte.

Meine Religion besteht in demütiger Anbetung eines unendlichen geistigen Wesens höherer Natur, das sich selbst in den kleinen Einzelheiten kundgibt, die wir mit unseren schwachen und unzulänglichen Sinnen wahrzunehmen vermögen. Diese tiefe gefühlsmäßige Überzeugung von der Existenz einer höheren Denkkraft, die sich im unerforschlichen Weltall manifestiert, bildet den Inhalt meiner Gottesvorstellung. Seelig, 70f.

Ich weiß gar nicht genau, wie es um meine Religion bestellt ist. Ich habe immer das Bewußtsein meiner völligen Abhängigkeit, und ich fühle mich wohl dabei. *Blumenfeld in: Zeit, 76*

Jene mit tiefem Gefühl verbundene Überzeugung von einer überlegenen Vernunft, die sich in der erfahrbaren Welt offenbart, bildet meinen Gottesbegriff. Man kann ihn also in der üblichen Ausdrucksweise als pantheistisch bezeichnen... Nichts kann schöner sein als das Wunderbare. Wer da ohne Empfindung bleibt, wer sich nicht versenken kann und das tiefe Erzittern der verzauberten Seele kennt, der könnte ebensogut tot sein; er hat schon geschlossene Augen zu Lebzeiten. *Seelig, 71*

Ich glaube an Spinozas Gott, der sich in der gesetzlichen Harmonie des Seienden offenbart, nicht an einen Gott, der sich mit den

Schicksalen und Handlungen der Menschen abgibt. *Hoffmann, 114*

Ich glaube nicht an einen persönlichen Gott... Wenn etwas in mir ist, das religiös genannt werden kann, dann ist es die grenzenlose Bewunderung der Struktur der Welt, so weit unsere Wissenschaft sie sichtbar machen kann. *Briefe, 43*

Ich kann mir keinen persönlichen Gott denken, der die Handlungen der einzelnen Geschöpfe direkt beeinflußte oder über seine Kreaturen direkt zu Gericht säße. Ich kann es nicht, trotzdem die mechanistische Kausalität von der modernen Wissenschaft bis zu einem gewissen Grade in Zweifel gestellt wird. Meine Religiosität besteht in einer demütigen Bewunderung des unendlich überlegenen Geistes, der sich in dem Wenigen offenbart, was wir mit unserer schwachen und hinfälligen Vernunft von der Wirklichkeit zu erkennen vermögen. *Briefe, 63*

Die Idee eines persönlichen Gottes ist ein anthropologisches Konzept, das ich nicht ernst nehmen kann. Ich bin auch nicht fähig, mir einen Willen oder ein Ziel außerhalb der menschlichen Sphäre vorzustellen. Meine Überzeugungen sind denjenigen Spinozas verwandt: Bewunderung für die Schönheit und Glaube an die logische Einfachheit der Ordnung und Harmonie, welche wir demütig und nur unvollkommen fassen können.

Hoffmann, 115

Das religiöse Gefühl, welches durch das Erlebnis der logischen Faßbarkeit tiefliegender Zusammenhänge ausgelöst wird, ist von etwas anderer Art als dasjenige Gefühl, welches man gewöhnlich als religiös bezeichnet. Es ist mehr ein Gefühl der Ehrfurcht für die in den Dingen sich manifestierende Vernunft als solcher, welches nicht zu dem Schritte führt, eine göttliche Person, nach unserem Ebenbilde zu formen – eine Person, die an uns Forderungen stellt und an unserem individuellen Sein Interesse nimmt. Es gibt darin weder einen Willen noch ein Ziel noch ein Soll, sondern nur ein Sein. Deshalb sieht unsereiner in dem Moralischen eine rein menschliche Angelegenheit – aber allerdings die wichtigste in der menschlichen Sphäre.

Briefe, 66

All diesen Bestrebungen liegt der Glaube zugrunde, daß das Seiende in seiner Struktur von vollendeter Harmonie sei. Wir haben heute weniger Grund als je zuvor, in diesem wunderbaren Glauben uns beirren zu lassen.

Kayser in: Zeit, 92

Das Erlebnis des Geheimnisvollen – wenn auch mit Furcht gemischt – hat die Religion gezeugt. Das Wissen um die Existenz des für uns Undurchdringlichen, der Manifestation tiefster Vernunft und leuchtendster Schönheit, die unserer Vernunft nur in ihren primitivsten Formen zugänglich sind, dies Wissen und Fühlen macht wahre Religiosität aus; in diesem Sinn und nur in diesem gehöre ich zu den tief religiösen Menschen. Einen Gott, der die Objekte seines Schaffens belohnt und bestraft, der überhaupt einen Willen hat nach Art desjenigen, den wir an uns selbst erleben, kann ich mir nicht einbilden. Auch ein Individuum, das seinen körperlichen Tod überdauert, mag und kann ich mir nicht denken...

Mir genügt das Mysterium der Ewigkeit des Lebens und das Bewußtsein und die Ahnung von dem wunderbaren Bau des Seienden, sowie das ergebene Streben nach dem Begreifen eines noch so winzigen Teiles der in der Natur sich manifestierenden Vernunft. *Weltbild, 10f*

Welches ist der Sinn unseres Lebens, welches der Sinn des Lebens aller Lebewesen überhaupt? Eine Antwort auf diese Frage wissen, heißt religiös sein. Du fragst: Hat es denn überhaupt einen Sinn, diese Frage zu stellen? Ich antworte: Wer sein eigenes Leben und das seiner Mitmenschen als sinnlos empfindet, der ist nicht nur unglücklich, sondern auch kaum lebensfähig. *Weltbild, 11*

Ich bin nicht der Meinung, daß man im Kampf um eine bessere Welt den Namen Gottes ins Spiel bringen sollte. Das ist, wie mir scheint, mit der Integrität eines modernen, gebildeten Menschen nicht vereinbar. Überdies zeigt die Geschichte, daß jede Partei glaubt, oder andere davon zu überzeugen sucht, daß Gott auf ihrer Seite stehe. Dadurch werden rationales Verständnis und Verhalten nur noch erschwert. Unablässige, ehrliche Erziehungsarbeit für eine moralisch fundierte, tolerante Geisteshaltung ist der einzige Weg zu einem glücklicheren Leben. *Friede, 591*

Der wunderbare Spinoza sagt, man solle die Menschen wegen ihrer Taten weder hassen noch verachten, sondern man solle suchen, sie zu verstehen. Nur durch Verstehen können wir hoffen, nach menschlichen Kräften den furchtbaren Katastrophen vorzubeugen, welche die Menschen einander bereiten... Einstweilen bliebt uns nur der Trost, daß es das Böse ist, durch dessen Abwehr das Gute erstarkt. *Friede, 269f.*

Wie ist das Streben eines Menschen beschaffen, der auf mich den Eindruck eines religiösen Menschen macht; einer, der sich nach seinem besten Vermögen von den Fesseln seiner selbstischen Wünsche befreit hat und erfüllt ist von Gedanken, Gefühlen und Bestrebungen, an denen er hängt um deren außerpersönlichen Wertes willen, der erscheint mir als ein religiös erleuchteter Mensch. Auf die Stärke dieser außerpersönlichen Inhalte... scheint es mir dabei nicht anzukommen, unabhängig davon, ob der Versuch gemacht wird, diese Inhalte mit einer göttlichen Person in Verbindung zu bringen; denn sonst dürfte man Buddha und Spinoza nicht zu den religiösen Persönlichkeiten zählen.

Ein religiöser Mensch ist demnach in dem Sinne gläubig, daß er nicht zweifelt an der Bedeutung und Erhabenheit jener außerpersönlichen Inhalte und Ziele, die einer verstandesmäßigen Begründung weder fähig sind noch bedürfen. Sie sind da mit derselben Notwendigkeit und Selbstverständlichkeit wie er selbst.

Jahre, 41 f.

Die Lehrer der Religion müssen die Größe haben, in ihrem Kampfe für die ethischen Güter auf die Lehre vom Wirken eines persönlichen Gottes, das heißt auf jene Quelle von Furcht und Hoffnung zu verzichten, welche den Priestern vergangener Zeiten so große Macht in die Hand gab. Sie werden sich bei ihrem Wirken auf die Kräfte zu stützen haben, welche das Gute, Schöne und Wahre selbst auf die Menschen auszuüben vermögen. Dies ist eine zwar schwierigere, aber auch unvergleichlich würdigere Aufgabe. Wenn die Lehrer der Religion den angedeuteten Prozeß der Läuterung vollzogen haben werden, werden sie gewiß freudig anerkennen, daß wahre Religion durch wissenschaftliche Erkenntnis veredelt und vertieft worden ist. *Jahre, 46*

Wenn die Bekenner der gegenwärtigen Religionen sich ernstlich bemühen würden, im Geiste der Begründer dieser Religionen zu denken, zu urteilen und zu handeln, dann würde keine auf den Glauben gegründete

Feindschaft zwischen den Bekennern verschiedener Religionen existieren. Noch mehr, sogar die Gegensätze im Glauben würden sich als unwesentlich herausstellen.

Briefe, 92

Der alte Johova lebt noch. Leider erschlägt er auch die Unschuldigen, und die Schuldigen schlägt er entsetzlich mit Blindheit, daß sie sich nicht schuldig fühlen können. Woher also nimmt er ein Recht zum Strafen und Zerschmettern? Etwa auch von der Gewalt?

Frieden, 38

Wie kann man müde, verängstigte oder auch träge Menschen zur Aktion antreiben? Das ist beinahe der Gründung einer neuen Religion vergleichbar. Es gelingt fast nie, und wenn es doch gelingt, weiß man nicht, warum... Ich weiß genau, daß ich keine Volksbewegung nach Gandhis Art begründen könnte.

Frieden, 601

Wissenschaftliche Forschung kann durch Förderung des kausalen Denkens und Überschauens den Aberglauben vermindern. Es ist gewiß, daß eine mit religiösem Gefühl verwandte Überzeugung von der Vernunft bzw. Begreiflichkeit der Welt aller feineren wissenschaftlichen Arbeit zugrunde liegt.

Weltbild, 223

Die Schlußworte des schönen Gebetes »Der Herr hat gegeben, der Herr hat genommen, der Name des Ewigen sei gepriesen!« bedeuten die Fülle des Lebens, das immer gibt und wieder nimmt, um abermals zu geben.

Briefe, 78

VI

Staunen über die Harmonie der Natur

Glauben und Wissen

Das Schöne ist, dass wir uns mit der Anerkennung des „Wunders" bescheiden müssen, ohne dass es einen legitimen Weg darüber hinaus gäbe.

Sie werden schwerlich einen tiefer schürfenden wissenschaftlichen Geist finden, dem nicht eine eigentümliche Religiosität eigen ist. Diese Religiosität unterscheidet sich aber von derjenigen des naiven Menschen. Letzterem ist Gott ein Wesen, ... dessen Strafe man fürchtet – ein sublimiertes Gefühl von der Art der Beziehung des Kindes zum Vater –, ein Wesen, zu dem man gewissermaßen in einer persönlichen Beziehung steht, so respektvoll diese auch sein mag. Der Forscher aber ist von der Kausalität allen Geschehens durchdrungen ... Seine Religiosität liegt im verzückten Staunen über die Harmonie der Naturgesetzlichkeit, in der sich eine so überlegene Vernunft offenbart, daß alles Sinnvolle menschlichen Denkens und Anordnens dagegen ein gänzlich nichtiger Abglanz ist ... Unzweifelhaft ist dies Gefühl nahe verwandt demjenigen, das die religiös schöpferischen Naturen aller Zeiten erfüllt hat.

Weltbild, 21 f.

Meine Bemühungen gründen sich auf dem Glauben, daß die Welt eine völlig harmonische Struktur aufweist. Heutzutage haben wir weniger Anlaß denn je, uns von diesem wunderbaren Glauben wegführen zu lassen.

Wheeler in: Einfluß, 57 f.

Es ist immer irreführend, menschliche Begriffe auf außerhalb der menschlichen Sphäre Liegendes anzuwenden – nichts als kindische Analogien... Wir müssen die schöne Harmonie der Weltstruktur, soweit wir sie erfassen können, bewundern – sonst nichts.

Hoffmann, 228

Das Schönste, was wir erleben können, ist das Geheimnisvolle. Es ist das Grundgefühl, das an der Wiege von wahrer Kunst und Wissenschaft steht. *Hoffmann, 297*

Welch ein tiefer Glaube an die Vernunft des Weltenbaues und welche Sehnsucht nach dem Begreifen wenn auch nur eines geringen Abglanzes der in dieser Welt geoffenbarten Vernunft mußte in Kepler und Newton lebendig sein, daß sie den Mechanismus der Himmelsmechanik in der einsamen Arbeit vieler Jahre entwirren konnten! ... Es ist die kosmische Religiosität, die solche Kräfte spendet. Ein Zeitgenosse hat nicht mit Unrecht gesagt, daß die ernsthaften Forscher in unserer im allgemeinen materialistisch eingestellten Zeit die einzigen tief religiösen Menschen seien. *Weltbild, 20f.*

Seht die Sterne, die da lehren
Wie man soll den Meister ehren
Jeder folgt nach Newtons Plan
Ewig schweigend seiner Bahn. *Hoffmann, 164*

Wenn die Gebiete von Religion und Wissenschaft an sich sauber getrennt sind, so bestehen doch zwischen beiden starke Wechselbeziehungen und Abhängigkeiten. Wenn die Religion es ist, die Ziele setzt, so hat sie doch von der Wissenschaft im weitesten Sinn erfahren, welche Mittel zur Erreichung der von ihr gesetzten Ziele beitragen können. Wissenschaft aber kann nur geschaffen werden von Menschen, die ganz erfüllt sind von dem Streben nach Wahrheit und Begreifen. Diese Gefühlsbasis aber entstammt der religiösen Sphäre. Hierher gehört auch das Vertrauen in die Möglichkeit, die in der Welt des Seienden geltenden Gesetzmäßigkeiten seien vernünftig, das heißt durch die Vernunft begreifbar. Ohne solchen tiefen Glauben kann ich mir einen wirklichen Forscher nicht vorstellen. Man kann den Sachverhalt durch ein Bild ausdrücken: Wissenschaft ohne Religion ist lahm, Religion ohne Wissenschaft ist blind.

Jahre, 42 f.

Der Mensch wird von einer tiefen Verehrung für die in dem Seienden sich manifestierende Vernunft ergriffen. Er gelangt auf dem Wege des Begreifens zu einer weitgehenden Befreiung von den Fesseln des persönlichen Wünschens und Hoffens und zu jener demütigen Einstellung des Gemüts gegenüber der in ihren letzten Tiefen dem Menschen unzugänglichen Größe der im Seienden verkörperten Vernunft. Diese Einstellung aber scheint mir im höchsten Sinne des Wortes eine religiöse zu sein. So scheint mir die Wissenschaft das religiöse Motiv nicht nur von anthropomorphen Schlacken zu reinigen, sondern auch zur religiösen Vergeistigung der Lebensauffassung beizutragen. Je weiter die geistige Entwicklung des Menschen vorschreitet, in desto höherem Grade scheint es mir zuzutreffen, daß der Weg zur wahren Religiosität nicht über Daseinsfurcht, Todesfurcht und blinden Glauben, sondern über das Streben nach vernünftiger Erkenntnis führt. In diesem Sinne glaube ich, daß aus dem Priester ein Lehrer werden muß, wenn er seiner hohen erzieherischen Aufgabe gerecht werden will. *Jahre, 47*

Ich möchte nichts als meine Ruhe haben und wissen, wie Gott diese Welt erschaffen hat. Seine Gedanken sind es, die mich beschäftigen – nicht das Spektrum dieses oder jenes Elementes. Solche Dinge sind mir ganz gleichgültig. *Seelig, 318*

Das Individuum fühlt die Nichtigkeit menschlicher Wünsche und Ziele und die Erhabenheit und wunderbare Ordnung, welche sich in der Natur sowie in der Welt des Gedankens offenbart. Es empfindet das individuelle Dasein als eine Art Gefängnis und will die Gesamtheit des Seienden als ein Einheitliches und Sinnvolles erleben... Die religiösen Genies aller Zeiten waren durch diese kosmische Religiosität ausgezeichnet, die keine Dogmen und keinen Gott kennt, der nach dem Bild des Menschen gedacht wäre...

Wie kann kosmische Religiosität von Mensch zu Mensch mitgeteilt werden, wenn sie doch zu keinem geformten Gottesbegriff und zu keiner Theologie führen kann? Es scheint mir, daß es die wichtigste Funktion der Kunst und der Wissenschaft ist, dies Gefühl zu erwecken und lebendig zu erhalten...

So kommen wir zu einer Auffassung von der Beziehung der Wissenschaft zur Religion, die recht verschieden ist von der üblichen. Es ist also verständlich, daß die Kirchen die Wissenschaft von jeher bekämpft und ihre Anhänger verfolgt haben. Andererseits aber behaupte ich, daß die kosmische Religiosität die stärkste und edelste Triebfeder wissenschaftlicher Forschung ist. *Weltbild, 18ff.*

Religion ist das durch die Jahrhunderte fortgesetzte Streben der Menschen, sich dieser Werte und Ziele vollständig und klar bewußt zu werden und sie zu stets verstärkter und vertiefter Wirkung zu bringen. Faßt man Religion und Wissenschaft im Sinne dieser Definition auf, so erscheint ein Konflikt zwischen beiden unmöglich. Denn die Wissenschaft kann nur feststellen, was *ist*, nicht aber, was sein soll; Werturteile jeder Art bleiben notwendig außerhalb ihres Bereiches. Die Religion aber hat nur mit Wertungen menschlichen Denkens und Tuns zu schaffen; sie kann mit Recht nichts aussagen über Tatsachen und Relationen zwischen Tatsachen. Die wohlbekannten Konflikte zwischen Religion und Wissenschaft in der Vergangenheit sind lediglich auf eine Verkennung des geschilderten Sachverhaltes zurückzuführen.

Jahre, 42

Der wissenschaftlichen Forschung liegt der Gedanke zugrunde, daß alles Geschehen durch Naturgesetze bestimmt sei, also auch das Handeln der Menschen. Deshalb wird ein Forscher kaum geneigt sein, zu glauben, daß das Geschehen durch ein Gebet – das heißt, durch einen gegenüber einem übernatürlichen Wesen geäußerten Wunsch – beeinflußt werden könnte...

Andererseits erfüllt aber die Wissenschaft Jeden, der sich ernsthaft mit ihr befaßt, mit der Überzeugung, daß sich in der Gesetzmäßigkeit der Welt ein dem menschlichen ungeheuer überlegener Geist manifestiere, demgegenüber wir mit unseren bescheidenen Kräften demütig zurückstehen müssen. *Briefe, 33*

Für mich ist das Streben nach Erkenntnis eines von denjenigen selbständigen Zielen, ohne welche für den denkenden Menschen eine bewußte Bejahung des Daseins nicht möglich erscheint. Es liegt im Wesen des Erkenntnisstrebens, daß es sowohl die weitgehende Bewältigung der Erfahrungs-Mannigfaltigkeit als auch Einfachheit und Sparsamkeit der Grundhypothesen anstrebt. Die endliche Vereinbarkeit dieser Ziele ist bei dem primitiven Zustand unseres Forschens eine Sache des Glaubens. Ohne solchen Glauben wäre für mich die Überzeugung vom selbständigen Werte der Erkenntnis nicht stark und unerschütterlich. Diese sozusagen religiöse Einstellung des wissenschaftlichen Menschen zur Wahrheit ist nicht ohne Einfluß auf die Gesamtpersönlichkeit. Denn außer dem durch die Erfahrung Gegebenen und den Denkgesetzen gibt es für den Forscher im Prinzip keine Autorität, deren Entscheidungen oder Mitteilungen an sich den Anspruch auf Wahrheit erheben können.

Jahre, 56 f.

Je weniger Kenntnis der Forscher besitzt, um so ferner fühlt er sich von Gott. Je größer aber sein Wissen ist, um so mehr nähert er sich ihm.

Seelig, 336

Ich habe keinen besseren Ausdruck als den Ausdruck »religiös« für dieses Vertrauen in die vernünftige und der menschlichen Vernunft wenigstens einigermaßen zugängliche Beschaffenheit der Realität. Wo dieses Gefühl fehlt, da artet Wissenschaft in geistlose Empirie aus.

Solovine, 102

Unsere Zeit ist ausgezeichnet durch wunderbare Leistungen auf den Gebieten des wissenschaftlichen Verstehens und der technischen Anwendung der gewonnenen Einsichten; wer würde sich dessen nicht freuen? Indessen dürfen wir nicht vergessen, daß Wissen und Können allein die Menschen nicht zu einem würdigen und glücklichen Leben zu führen vermag. Die Menschheit hat allen Grund dazu, die Verkünder hoher moralischer Normen und Werte höher zu stellen als die Entdecker objektiver Wahrheit. Was die Menschheit Persönlichkeiten wie Buddha, Moses und Jesus verdankt, steht mir höher als alle Leistungen des forschenden und konstruktiven Geistes. Die Gaben dieser Begnadeten müssen wir hüten und mit all unseren Kräften lebendig zu erhalten suchen, wenn das Menschengeschlecht nicht seine Würde, die Sicherheit seiner Existenz und die Freude am Dasein verlieren soll. *Briefe, 67*

Die Philosophie und Vernunft werden in absehbarer Zeit wohl kaum zu Führerinnen der Menschen werden, wohl aber die schönste Zuflucht bleiben, die sie den Auserwählten stets gewesen sind. Es ist die einzige wahre Aristokratie und dazu eine solche, die niemand bedrückt und niemandes Neid erweckt, ja die nicht einmal erkennbar ist für die, die nicht selbst dazu gehören. In keiner anderen Gemeinschaft sind die Bande zwischen den Lebenden und den Toten so lebendig. Man erlebt die Genossen aus früheren

Jahrhunderten wie Freunde, deren Äußerungen ihren Reiz, ihre Fruchtbarkeit und ihren persönlichen Zauber nie verlieren. Wer wirklich zu dieser Aristokratie gehört, der kann vom Reste der Menschheit zwar getötet, aber nie verletzt werden. *Frieden, 338 f.*

Daß die Menge der Materie endlich sei, haben wir für kurze Zeit zu wissen geglaubt. Es ist aber wieder völlig fraglich geworden. Für mich ist das Leben der Inbegriff all der Erscheinungen, von denen jeder sieht, daß er das Wesentliche davon nicht begreift. Beim Anorganischen merkt man es nur nach langem, tiefem Studium. Man hat zwar prächtige Begriffe ersonnen und damit scheinbar alles im Prinzip verstanden. Aber es kommt der Augenblick, in dem man sieht, daß alles unzureichend ist. Beim Lebendigen liegt die Oberfläche unseres Begreifens offen zutage. Daran kann nur einer zweifeln, der überhaupt nie etwas tiefer begriffen hat. Kurz, man wird zum tief religiösen Ungläubigen. (Dies ist eine einigermaßen neue Art von Religion.) *Seeligin: Zeit, 58*

Die Verbesserung der Lebensbedingungen in allen Teilen der Welt hängt im wesentlichen nicht von dem Stande der Wissenschaft, sondern von der Erfüllung der menschlichen Traditionen und Ideale ab. Darum glaube ich, daß Männer wie Konfuzius, Buddha, Jesus und Gandhi mehr zur Schärfung des ethischen Sinnes des Menschen getan haben, als die Wissenschaft es je vermöchte. *Frieden, 553*

Ich glaube nicht, daß die Grundgedanken der Relativitätstheorie in anderer Weise Beziehungen zur religiösen Sphäre beanspruchen können als die wissenschaftliche Erkenntnis überhaupt. Diese Beziehung sehe ich darin, daß tiefe Zusammenhänge in der objektiven Welt durch logisch einfache Gedanken erfaßt werden können. Dies ist allerdings in der Relativitätstheorie in besonders vollkommenem Maße der Fall. *Briefe, 66*

Sie finden es merkwürdig, daß ich die Begreiflichkeit der Welt... als Wunder oder ewiges Geheimnis empfinde. Nun, a priori sollte man doch eine chaotische Welt erwarten, die durch Denken in keiner Weise faßbar ist. Man könnte (ja *sollte*) erwarten, daß die Welt nur insoweit sich als gesetzlich erweise, als wir ordnend eingreifen. Es wäre eine Art Ordnung wie die alphabetische Ordnung der Worte einer Sprache. Die Art Ordnung, die dagegen z. B. durch Newton's Gravitations-Theorie geschaffen wird, ist von ganz anderem Charakter. Wenn auch die Axiome der Theorie vom Menschen gesetzt sind, so setzt doch der Erfolg eines solchen Beginnens eine hochgradige Ordnung der objektiven Welt voraus, die a priori zu erwarten man keinerlei Berechtigung hatte. Hier liegt das »Wunder«, das sich mit der Entwicklung unserer Kenntnisse nur immer mehr verstärkt. Hier liegt der schwache Punkt für die Positivisten und die berufsmäßigen Atheisten, die sich beglückt fühlen durch das Bewußtsein, die Welt erfolgreich nicht nur entgöttert, sondern sogar »entwundert« zu haben. Das Schöne ist, daß wir uns mit der Anerkennung des »Wunders« bescheiden müssen, ohne daß es einen legitimen Weg darüber hinaus gäbe. Dies muß ich ausdrücklich hinzufügen, damit Sie nicht denken, ich sei – geschwächt durch das Alter – eine Beute der Pfaffen geworden. *Solovine, 114 (1952)*

Der Wunder größtes ist, daß es keine Wunder gibt. *Bergmann in: Einfluß, 17*

Raffiniert ist der Herrgott, aber boshaft ist er nicht... Die Natur verbirgt ihr Geheimnis durch die Erhabenheit ihres Wesens, aber nicht durch List. *Hoffmann 172*

Für uns gläubige Physiker hat die Scheidung zwischen Vergangenheit, Gegenwart und Zukunft nur die Bedeutung einer wenn auch hartnäckigen Illusion. *Besso, 538*

VII

Sich wundern über Raum und Zeit

Relativität und Naturgesetze

Die Methode der Relativitätstheorie ist derjenigen der Thermodynamik weitgehend analog; denn diese letztere Wissenschaft ist nichts weiter als die systematische Beantwortung der Frage: Wie müssen die Naturgesetze beschaffen sein, damit es unmöglich sei ein perpetuum mobile zu konstruieren?

Wenn ich mich frage, woher es kommt, daß gerade ich die Relativitätstheorie aufgestellt habe, so scheint es an folgendem Umstand zu liegen: der normale Erwachsene denkt über die Raum-Zeit-Probleme kaum nach. Das hat er nach seiner Meinung bereits als Kind getan. Ich hingegen habe mich geistig derart langsam entwickelt, daß ich erst als Erwachsener anfing, mich über Raum und Zeit zu wundern. Naturgemäß bin ich dann tiefer in die Problematik eingedrungen als die normal veranlagten Kinder. Seelig, 119

Warum eigentlich schwatzen die Leute immer von meiner Relativitätstheorie? Ich habe doch noch andere brauchbare Sachen gemacht, vielleicht sogar noch bessere, aber davon nimmt das Publikum überhaupt keine Notiz. *Seelig, 336*

Das Aufgeben gewisser bisher als fundamental behandelter Begriffe über Raum, Zeit und Bewegung darf nicht als freiwillig aufgefaßt werden, sondern nur als bedingt durch beobachtete Tatsachen. *Weltbild, 173*

Die Relativitätstheorie setzte voraus, daß es physikalisch bevorzugte Bewegungszustände in der Natur nicht gebe und fragte nach den Folgerungen, welche aus dieser Voraussetzung bezüglich der Naturgesetze gezogen werden können. Die Methode der Relativitätstheorie ist derjenigen der Thermodynamik weitgehend analog; denn diese letztere Wissenschaft ist nichts weiter als die systematische Beantwortung der Frage: Wie müssen die Naturgesetze beschaffen sein, damit es unmöglich sei ein perpetuum mobile zu konstruieren? *Solovine, 18*

Wir denken uns zwei Physiker. Diese beiden Physiker sind mit allen erdenklichen physikalischen Apparaten ausgestattet, jeder von ihnen hat ein Laboratorium. Das Laboratorium des einen Physikers denken wir uns irgendwo auf dem offenen Feld angeordnet, das des zweiten in einem Eisenbahnwagen, der mit konstanter Geschwindigkeit in einer bestimmten Richtung dahinfährt. Das Relativitätsprinzip sagt nun folgendes aus: Wenn diese beiden Physiker unter Anwendung aller ihrer Apparate sämtliche Naturgesetze studieren: der eine in seinem ruhenden Laboratorium und der andere in seinem in der Eisenbahn angeordneten Laboratorium, so werden sie – vorausgesetzt, daß die Eisenbahn nicht rüttelt und gleichmäßig fährt – genau die gleichen Naturgesetze herausfinden. Etwas abstrakter können wir sagen: Die Naturgesetze sind nach dem Relativitätsprinzip von der Translationsbewegung des Bezugssystems unabhängig. *Seelig, 138*

Die Spezielle Relativitätstheorie schafft eine formale Abhängigkeit zwischen der Art und Weise, wie die räumlichen Koordinaten einerseits und die Zeitkoordinate andrerseits in die Naturgesetze eingehen müssen. *Seelig, 139*

Die allgemeine Relativitätstheorie modifiziert Newtons Theorie quantitativ nur wenig, qualitativ hingegen um so tiefgreifender. Trägheit, Gravitation und metrisches Verhalten der Körper und Uhren wurden auf eine einheitliche Feldqualität zurückgeführt, dies Feld selbst wieder als von den Körpern abhängig gesetzt (Verallgemeinerung des Newtonschen Gravitationsgesetzes bzw. des ihm entsprechenden Feldgesetzes, wie es Poisson formuliert hatte.) Damit waren Raum und

Zeit zwar nicht ihrer Realität entkleidet, wohl aber ihrer kausalen Absolutheit (beeinflussend, aber nicht beeinflußt), die ihnen Newton zuschreiben mußte, um den damals bekannten Gesetzen Ausdruck verleihen zu können. Das verallgemeinerte Trägheitsgesetz übernimmt die Rolle des Newtonschen Bewegungsgesetzes. *Weltbild, 205 f.*

Es ist ein verbreiteter Irrtum, daß die spezielle Relativitätstheorie gewissermaßen die Vierdimensionalität des physikalischen Kontinuums entdeckt bzw. neu eingeführt hat. Dies ist natürlich nicht der Fall. Auch der klassischen Mechanik liegt das vierdimensionale Kontinuum von Raum und Zeit zugrunde. Nur haben im vierdimensionalen Kontinuum der klassichen Physik die »Schnitte« konstanten Zeitwertes eine absolute, d. h. von der Wahl des Bezugssystems unabhängige Realität. Das vierdimensionale Kontinuum zerfällt dadurch natürlich in ein dreidimensionales und ein eindimensionales (Zeit), so daß die vierdimensionale Betrachtungsweise sich nicht als *notwendig* aufdrängt. Die spezielle Relativitätstheorie dagegen schafft eine formale Abhängigkeit zwischen der Art und Weise, wie die räumlichen Koordinaten einerseits und die Zeitkoordinate andererseits in die Naturgesetze eingehen müssen. *Schilpp, 21 f.*

Im Zusammenhang mit der Elektrodynamik bzw. dem Gesetz der Lichtausbreitung ergab sich die Untrennbarkeit von Raum und Zeit. Bis dahin war nämlich stillschweigende Voraussetzung, daß das vierdimensionale Kontinuum des Geschehens in objektiver Weise sich in Zeit und Raum spalten lasse, d. h. daß dem »Jetzt« in der Welt des Geschehens eine absolute Bedeutung zukomme. Mit der Erkenntnis der Relativität der Gleichzeitigkeit wurden Raum und Zeit in ähnlicher Weise zu einem einheitlichen Kontinuum verschmolzen, wie vorher die drei räumlichen Dimensionen zu einem einheitlichen Kontinuum verschmolzen worden waren. Der physikalische Raum wurde so zu einem vierdimensio-

nalen Raum ergänzt, der auch die zeitliche Dimension enthält. Der vierdimensionale Raum der speziellen Relativitätstheorie ist ebenso starr und absolut wie der Raum Newtons.
Weltbild, 188

Es gibt nur lokale Zeiten. Auf der Erde zum Beispiel wird jeder mit der gleichen Geschwindigkeit, der Erdgeschwindigkeit, durch den Weltraum getragen. Somit gehen auf der Erde alle Uhren gleich schnell und zeigen die ›Erdzeit‹ an. Eine solche lokale Zeit für einen bewegten Körper, wie die Erde, wird seine ›Eigenzeit‹ genannt... Doch wenn zwei Ereignisse räumlich weit auseinander liegen, so gibt es größere Zeitabschnitte, in denen es nicht möglich ist, zu sagen, welches von den zwei Ereignissen vor oder nach dem anderen stattgefunden hat. Je nach der Geschwindigkeit des Beobachters relativ zu den Ereignissen kann die Antwort verschieden ausfallen, wobei diejenige des einen genau so ›wahr‹ wie die des anderen ist.
Entdecker, 145

Ich suche zu zeigen, wie die Begriffe körperliches Objekt, Raum, subjektive und objektive Zeit miteinander und mit dem Charakter des Erlebens zusammenhängen. In der klassischen Mechanik werden die Begriffe Raum und Zeit selbständig; der Begriff des körperlichen Objekts wird in der Grundlage ersetzt durch den des materiellen Punktes, wodurch die Mechanik zum Fundament atomistisch wird. Bei dem Versuch, die Mechanik zum Fundament der ganzen Physik zu machen, machen Licht und Elektrizität unüberwindliche Schwierigkeiten. Dies führt zur Feldtheorie der Elektrizität und weiter zu dem Versuch, die Physik ganz auf den Feldbegriff zu gründen (nach versuchtem Kompromiß mit der klassischen Mechanik). Dieser Versuch führt zur Relativitätstheorie (Sublimierung des Raum- und Zeitbegriffes zum Kontinuum mit metrischer Struktur).

Ich suche ferner darzutun, warum nach meiner Ansicht die Quantentheorie nicht dazu geeignet zu sein scheint, ein brauchbares Fundament der Physik zu liefern: Man gerät in Widersprüche, wenn man die quantentheoretische Beschreibung als eine *vollständige* Beschreibung des einzelnen physikalischen Systems beziehungsweise Vorgangs zu betrachten sucht.

Andererseits ist die Feldtheorie bisher nicht imstande, eine Theorie der Molekularstruktur der Materie und der Quanten-Phänomene zu liefern. Es wird aber gezeigt, daß die Überzeugung von der Unfähigkeit der Feldtheorie, diese Probleme mit ihren Methoden zu lösen, auf Vorurteilen beruht.

Jahre, 105 f.

Die Physik ist eine Bemühung, das Seiende als etwas begrifflich zu erfassen, was unabhängig vom Wahrgenommen-Werden gedacht wird. In diesem Sinne spricht man vom »Physikalisch-Realen«. In der Vor-Quantenphysik war kein Zweifel, wie dies zu verstehen sei. In Newtons Theorie war das Reale durch materielle Punkte in Raum und Zeit, in der Maxwellschen Theorie durch ein Feld in Raum und Zeit dargestellt. In der Quantenmechanik ist es weniger durchsichtig...

Meine Meinung ist die, daß die gegenwärtige Quantentheorie bei gewissen festgelegten Grundbegriffen, die im wesentlichen der klassischen Mechanik entnommen sind, eine optimale Formulierung darstellt. Ich glaube aber, daß diese Theorie keinen brauchbaren Ausgangspunkt für die künftige Entwicklung bietet. Dies ist der Punkt, in welchem meine Erwartung von derjenigen der meisten zeitgenössischen Physiker abweicht... Eine noch so umfangreiche Sammlung empirischer Fakten kann nicht zur Aufstellung so verwickelter Gleichungen führen. Eine Theorie kann an der Erfahrung geprüft werden, aber es gibt keinen Weg von der Erfahrung zur Aufstellung einer Theorie. Gleichungen von solcher Kompliziertheit wie die Gleichungen des Gravitationsfeldes können nur dadurch gefunden werden, daß eine logisch einfache mathematische Bedingung gefunden wird, welche die Gleichungen völlig oder nahezu determiniert. Hat man aber jene hinreichend starken formalen Bedingungen, so braucht man nur wenig Tatsachenwissen für die Aufstellung der Theorie. *Schilpp, 31 ff.*

Nun denken Sie, daß ich armseliges Geschöpf durch das Auffinden und Publizieren der Beziehung zwischen Masse und Energie zur Herbeiführung unserer lamentablen Situation wesentlich beigetragen hätte. Sie denken, ich hätte damals (1905) die Entwicklung der Atombombe voraussehen müssen. Dies wäre aber nicht möglich gewesen, da die Möglichkeit der Herbeiführung von »Kettenreaktionen« auf empirischen Tatsachen beruht, die man damals noch nicht ahnen konnte. Aber selbst wenn dieses Hindernis nicht bestanden hätte, wäre es doch lächerlich gewesen zu versuchen, diese Konsequenz der speziellen Relativitätstheorie zu verschweigen. Nachdem die Theorie einmal da war, war diese Konsequenz mitgegeben... Die Theorie selbst aber verdankt ihre Entstehung der Bemühung, die Eigenschaften des »Licht-Äthers« herauszufinden! Keine Spur einer Möglichkeit von technischen Implikationen war sichtbar. Für mich ist die Frage: Können die wenigen Gelehrten, die genügend anerkannt, mutig und selbstlos sind, etwas Wirksames unternehmen? *Frieden, 616 (1955)*

VIII

Der Herrgott würfelt nicht

Natur und Wissenschaft

Es gibt in der Physik keinen Begriff, dessen Verwendung a priori nötig oder berechtigt wäre. Ein Begriff erhält seine Daseinsberechtigung nur durch seine klare und eindeutige Verknüpfung mit Ereignissen bezw. mit physikalischen Erfahrungs Strukturen.

Ich bin so altertümlich und eigensinnig, daß ich immer noch nicht dran glaube, daß der Herrgott würfelt. Wenn er nämlich dies gewollt hätte, dann hätt' er's gleich ganz gründlich gemacht und sich beim Würfeln nicht einmal an ein Schema gehalten. ›Wennschon, dennschon.‹ Dann brauchten wir erst gar nicht nach Gesetzen zu suchen.

Allerdings spricht aller Anschein gegen die Auffassung völliger Gesetzlichkeit. Ich suche aber doch unentwegt nach einer solchen. Wenn das, was ich finde, dann nichts taugt, so denke ich, daß es wohl an mir liegt, nicht an ihm. *Seelig, 326*

Ich bin einer, der viel gegrübelt hat, aber nichts gelernt hat. *Seelig, 281*

Wenn ich in den Grübeleien eines langen Lebens etwas gelernt habe, so ist es dies, daß wir von einer tiefen Einsicht in die elementaren Vorgänge viel weiter entfernt sind, als die meisten Zeitgenossen glauben. *Seelig, 397*

Die Mathematik ist schön und gut, aber die Natur führt uns an der Nase herum... Der ganze Gedanke muß durchgeführt werden und ist von merkwürdiger Schönheit; aber darüber steht das marmorne Lächeln der unerbittlichen Natur, die uns mehr Sehnsucht als Geist verliehen hat. *Seelig, 304*

Hinter den unermüdlichen Bemühungen des Forschers liegt ein stärkerer, geheimnisvoller

Drang versteckt: was man begreifen will, ist Existenz und Realität. Vor dem Gebrauch solcher Worte schreckt man aber zurück; denn man kommt schnell in Schwierigkeiten, wenn man erklären soll, was denn in einer so allgemeinen Darlegung mit ›Realität‹ und ›begreifen‹ eigentlich gemeint sei.

Sommerfeld in: Schilpp, 155

Die logische Einfachheit ist der einzige Weg, auf dem wir zu tiefen Erkenntnissen geführt werden. *Straus in: Zeit, 73*

Was mich eigentlich interessiert, ist, ob Gott die Welt hätte anders machen können; das heißt, ob die Forderung der logischen Einfachheit überhaupt eine Freiheit läßt. (Man muß doch sagen, daß das viel weniger der Fall ist, als man vor fünfzig Jahren gedacht hätte.)

Straus in: Zeit, 72

Der Gegenstand aller Wissenschaft, gleich ob Naturwissenschaft oder Psychologie, ist es, unsere Erfahrungen aufeinander abzustimmen und sie in ein logisches System zu bringen... Die einzige Rechtfertigung für unsere Begriffe ist die, daß sie zur Darstellung unserer Erfahrungsgesamtheit dienen. Darüber hinaus haben sie keine Existenzberechtigung. Selbst wenn sich zeigen sollte, daß die Gesamtheit der Ideen nicht durch logische Mittel aus der Erfahrung abgeleitet werden kann, sondern in bestimmtem Sinne eine Schöpfung des menschlichen Geistes zur Ermöglichung von Wissenschaft überhaupt ist, so ist doch jener universale Zusammenhang ebensowenig unabhängig von der Natur unserer Erfahrungen wie Kleider von der Gestalt des menschlichen Körpers. Das gilt ganz besonders von unseren Begriffen der Zeit und des Raumes, die die Physiker auf Grund der Tatsachen vom Olymp des a priori herabholen und in einen brauchbaren Zustand bringen mußten. *Frank in: Schilpp, 183*

Durch bloßes logisches Denken vermögen wir keinerlei Wissen über die Erfahrungswelt zu erlangen; alles Wissen über die Wirklichkeit geht von der Erfahrung aus und mündet in ihr... Wenn nun aber Erfahrung Anfang und Ende all unseres Wissens um die Wirklichkeit ist, welches ist dann die Rolle der Ratio in der Wissenschaft? Ein fertiges System der theoretischen Physik besteht aus Begriffen, Grundgesetzen, die für jene Begriffe gelten sollen, und aus durch logische Deduktion abzuleitenden Folgesätzen...

Die Ratio gibt den Aufbau des Systems; die Erfahrungsinhalte und ihre gegenseitigen Beziehungen sollen durch die Folgesätze der Theorie ihre Darstellung finden. In der Möglichkeit einer solchen Darstellung allein liegt der Wert und die Berechtigung des ganzen Systems und im besonderen auch der ihm zugrunde liegenden Begriffe und Grundgesetze. Im übrigen sind letztere freie Erfindungen des menschlichen Geistes, die sich weder durch die Natur des menschlichen Geistes noch sonst in irgendeiner Weise a priori rechtfertigen lassen. *Weltbild, 150f.*

Wenn es nun wahr ist, daß die axiomatische Grundlage der theoretischen Physik nicht aus der Erfahrung erschlossen, sondern frei erfunden werden muß, dürfen wir dann überhaupt hoffen, den richtigen Weg zu finden? ... Hierauf antworte ich mit aller Zuversicht, daß es den richtigen Weg nach meiner Meinung gibt, und daß wir ihn auch zu finden vermögen. Nach unserer bisherigen Erfahrung sind wir nämlich zum Vertrauen berechtigt, daß die Natur die Realisierung des mathematisch denkbar Einfachsten ist. Durch rein mathematische Konstruktion vermögen wir nach meiner Überzeugung diejenigen Begriffe und diejenige gesetzliche Verknüpfung zwischen ihnen zu finden, die den Schlüssel für das Verstehen der Naturerscheinungen liefern... In einem gewissen Sinne halte ich es also für wahr, daß dem reinen Denken das Erfassen des Wirklichen möglich sei, wie es die Alten geträumt haben... Ich glaube noch an die Möglichkeit eines Modells der Wirklichkeit, d.h. einer Theorie, die die Dinge selbst und nicht nur die Wahrscheinlichkeit ihres Auftretens darstellt. *Weltbild, 153, 155*

Der Glaube an eine vom wahrnehmenden Subjekt unabhängige Außenwelt liegt aller Naturwissenschaft zugrunde. Da die Sinneswahrnehmungen jedoch nur indirekt Kunde von dieser Außenwelt bzw. vom »Physikalisch-Realen« geben, so kann dieses nur auf spekulativem Weg von uns erfaßt werden. Daraus geht hervor, daß unsere Auffassungen vom Physikalisch-Realen niemals endgültige sein können. Wir müssen stets bereit sein, diese Auffassungen, d. h. das axiomatische Fundament der Physik zu verändern, um den Tatsachen der Wahrnehmungen auf eine logisch möglichst vollkommene Weise gerecht zu werden. *Weltbild, 207 f.*

Es ist eine kuriose Sache mit der Einschätzung der Begriffsschärfe und der Exaktheit der experimentellen Methode. Es gibt da in jeder Situation ein von dem gesunden Menschenverstand und vom Forschungsinstinkt zu wählendes goldenes Mittel zwischen Schlamperei und Pedanterie. Gegenwärtig tendiert die große Mode nach dem letzteren

Extrem. Es ist wie bei der Hausfrau: die gute Hausfrau ist die, die in der Mitte steht zwischen der Drecksau und dem Putzteufel.

Seelig in: Zeit, 55 f.

Es ist eine unüberbrückbare Kluft zwischen dem Begriff und der Beobachtung! Wenn man meint, daß man durch eine bloße Aneinanderreihung von Beobachtungen Begriffe bilden kann, so geht man vollkommen fehl.

Straus in: Zeit, 73

Draußen gibt es diese große Welt, die unabhängig von uns Menschen da ist und vor uns steht wie ein großes, ewiges Rätsel, wenigstens teilweise zugänglich unserem Schauen und Denken... Das gedankliche Erfassen dieser außerpersönlichen Welt im Rahmen der uns gebotenen Möglichkeiten schwebte mir halb bewußt, halb unbewußt als höchstes Ziel vor... Der Weg zu diesem Paradies war nicht so bequem und lockend wie der Weg zum religiösen Paradies; aber er hat sich als zuverlässig erwiesen, und ich habe es nie bedauert, ihn gewählt zu haben. *Schilpp, 2*

Daß die Gesamtheit der Sinneserlebnisse so beschaffen ist, daß sie durch das Denken (Operieren mit Begriffen und Schaffung und Anwendung bestimmter funktioneller Verknüpfungen zwischen diesen sowie Zuordnungen der Sinneserlebnisse zu den Begriffen) geordnet werden können, ist eine Tatsache, über die wir nur staunen, die wir aber niemals werden begreifen können. Man kann sagen: Das ewig Unbegreifliche an der Welt ist ihre Begreiflichkeit... Wenn hier von »Begreiflichkeit« die Rede ist, so ist dieser Ausdruck in seiner bescheidensten Bedeutung gemeint. Er bedeutet: Durch Schaffung allgemeiner Begriffe und Beziehungen zwischen diesen Begriffen sowie durch irgendwie festgelegte Beziehungen zwischen Begriffen und Sinneserlebnissen irgendeine Ordnung herstellen. In diesem Sinne ist die Welt unserer Sinneserlebnisse begreifbar, und daß sie es ist, ist ein Wunder. *Jahre, 65 f.*

Galileis erzwungener Widerruf war doch eigentlich unwichtig, weil dem nach Erkenntnis Suchenden Galileis Argumente ja doch zugänglich waren und jeder einigermaßen Eingeweihte wissen mußte, daß der offizielle Rückzug nur erzwungen war... Jedenfalls könnte ich mir nicht vorstellen, daß ich selber zur Verteidigung der Relativitätstheorie solches unternehmen würde. Ich würde denken: die Wahrheit ist unvergleichlich stärker als ich, und es schiene mir lächerlich und donquichottisch, sie mit Schwert und Rosinante beschützen zu wollen. *Seelig, 210*

Ich kann nicht glauben, daß Gott mit der Welt Würfel spielt. *Seelig, 140*

Es scheint hart, dem Herrgott in seine Karten zu gucken. Aber daß er würfelt und sich »telepathischer« Mittel bedient (wie es ihm von der gegenwärtigen Quantentheorie zugemutet wird) kann ich keinen Augenblick glauben. *Briefe, 65*

Zu einem Verzicht auf die strenge Kausalität möchte ich mich nicht treiben lassen, bevor man sich nicht noch ganz anders dagegen gewehrt hat als bisher. Der Gedanke, daß ein einem Strahl ausgesetztes Elektron aus *freiem Entschluß* den Augenblick und die Richtung wählt, in der es fortspringen will, ist mir unerträglich. Wenn schon, dann möchte ich lieber Schuster oder gar Angestellter in einer Spielbank sein als Physiker. Meine Versuche, den Quanten greifbare Gestalt zu geben, sind allerdings immer wieder gescheitert, aber die Hoffnung gebe ich noch lange nicht auf. Und wenns garnicht gehen will, dann bleibt doch der Trost, daß der Mißerfolg nur an mir liegt.

Born, 118 (1924)

Die Quantenmechanik ist sehr achtung-gebietend. Aber eine innere Stimme sagt mir, daß das doch nicht der wahre Jakob ist. Die Theorie liefert viel, aber dem Geheimnis des Alten bringt sie uns kaum näher. Jedenfalls bin ich überzeugt, daß *der* nicht würfelt.

Born, 129f. (1926)

Du glaubst an den würfelnden Gott und ich an volle Gesetzlichkeit in einer Welt von etwas objectiv Seiendem, das ich auf wild spekulativem Wege zu erhaschen suche. Ich *glaube* fest, aber ich hoffe, daß einer einen mehr realistischen Weg, bezw. eine mehr greifbare Unterlage finden wird, als es mir gegeben ist. Der große anfängliche Erfolg der Quantentheorie kann mich doch nicht zum Glauben an das fundamentale Würfelspiel bringen, wenn ich auch wohl weiß, daß die jüngeren Kollegen dies als Folge der Verkalkung auslegen. Einmal wirds sich ja herausstellen, welche instinktive Haltung die richtige gewesen ist. *Born, 204 (1944)*

Ich kann mir zur Not noch vorstellen, daß der Herrgott eine Welt erschaffen hätte, in der es keine Naturgesetze gibt. Kurz: ein Chaos. Daß es aber statistische Gesetze mit endgültigen Lösungen geben soll, das heißt Gesetze, die den lieben Gott zwingen, jeden Einzelfall erst auswürfeln zu müssen, ist mir herzlich unsympatisch. *Seelig, 396*

Manche können nicht glauben, daß wir auf eine unmittelbare Darstellung der physikalischen Realität in Raum und Zeit sollten endgültig verzichten müssen und daß das Geschehen in der Natur als nach dem Modell eines Würfelspiels aufgefaßt werden müsse. Die Richtung des Strebens steht jedem frei, und jeder darf Trost schöpfen aus Lessings schöner Bemerkung, nach welcher das Streben nach Wahrheit köstlicher ist als deren gesicherter Besitz. *Jahre, 121*

Ich bin ein böser Ketzer geworden, der nicht will, daß man die Physik auf Wahrscheinlichkeit gründet. *Seelig, 395*

Wenn ich nochmals ein junger Mann wäre und mich entscheiden könnte, wie ich mein Geld verdienen solle, dann würde ich nicht versuchen, ein Wissenschaftler, ein Akademiker oder ein Lehrer zu werden. Ich würde es vielmehr vorziehen, ein Spengler oder Hausierer zu sein, in der Hoffnung, jenen bescheidenen Grad von Unabhängigkeit zu bewahren, der unter den gegenwärtigen Umständen überhaupt zu erreichen ist. *Seelig, 409*

Was ich sagen wollte war nur dies: Ich würde unter den heutigen Verhältnissen nur einen Beruf wählen, bei dem der Broterwerb nichts zu tun hat mit dem Streben nach Erkenntnis.

Born, 307

Sie stellen es sich so vor, daß ich mit stiller Befriedigung auf ein Lebenswerk zurückschaue. Aber es ist ganz anders. Da ist kein einziger Begriff, von dem ich überzeugt wäre, daß er standhalten wird, und ich fühle mich unsicher, ob ich überhaupt auf dem rechten Wege bin. Die Zeitgenossen sehen in mir einen Ketzer und Reaktionär, der sich selber überlebt hat. Das hat mit Mode und Kurzsichtigkeit zu schaffen, aber das Gefühl der Unzulänglichkeit kommt von innen. Es kann wohl nicht anders sein, wenn man kritisch und ehrlich ist, und Humor und Bescheidung halten einen im Gleichgewicht, den äußeren Einwirkungen zum Trotz. *Solovine, 94*

A. Einstein, Mein Weltbild, hg. von C. Seelig, Europa Verlag, Zürich 1953 (= *Weltbild*).
ders., Aus meinen späten Jahren, DVA, Stuttgart 1979 (= *Jahre*).
ders., Über den Frieden. Weltordnung oder Weltuntergang?, hg. von O. Nathan und H. Norden, Herbert Lang, Bern 1975 (= *Frieden*).
ders., Briefe. Aus dem Nachlaß hg. von H. Dukas und B. Hoffmann, Diogenes Verlag, Zürich 1981 (= *Briefe*).
ders. – S. Freud, Warum Krieg?, Diogenes Verlag, Zürich 1972 [= *Krieg?*].
ders. – M. Besso, Correspondance 1903–1955, Hermann, Paris 1972 (= *Besso*).
ders. – H. und M. Born, Briefwechsel 1916–1955, Nymphenburger Verlagshandlung, München 1969 (= *Born*).
ders., Lettres à Maurice Solovine, Edition Gauthier-Villars, Paris 1956 (= *Solovine*; diesem Werk sind die Faksimile-Stellen auf den Titelseiten der einzelnen Abschnitte entnommen).
C. Seelig, Albert Einstein. Leben und Werk eines Genies unserer Zeit, Europa Verlag, Zürich 1960 (= *Seelig*).
B. Hoffmann, Albert Einstein. Schöpfer und Rebell, Verlag Stocker-Schmid, Dietikon-Zürich 1976 (= *Hoffmann*).
Albert Einstein als Philosoph und Naturforscher, hg. von P. A. Schilpp, Kohlhammer Verlag, Stuttgart o. J. = 1955 (= *Schilpp*; Einstein-Texte aus den Beiträgen von A. Einstein, Ph. Frank, J. H. Northrop, A. Sommerfeld).
Helle Zeit – dunkle Zeit. In memoriam Albert Einstein, hg. von C. Seelig, Europa Verlag, Zürich, Stuttgart, Wien 1956 (= *Zeit*; Einstein-Texte aus den Beiträgen von K. Blumenfeld, R. Kayser, C. Seelig, E. Straus).
Albert Einstein. Sein Einfluß auf Physik, Philosophie und Politik, hg. von P. C. Aichelburg und R. U. Sexl, Fr. Vieweg & Sohn, Braunschweig, Wiesbaden 1979 (= *Einfluß*; Einstein-Texte aus den Beiträgen von P. G. Bergmann, B. Hoffmann, J. A. Wheeler).
Entdecker des Weltraums. Sechs Biographien in Farbbildern erzählt von Erich Lessing, biographische Essays von Karl Bednarik, Verlag Herder, Freiburg i. Br. ^{3}1970 (= *Entdecker*).